Das Reichsfinanzwesen.

Von

Dr. Adolph Wagner,
Professor in Berlin.

Separatabdruck aus *von Holtzendorffs "Jahrbuch für Gesetzgebung ec."*

Leipzig,
Duncker & Humblot.
1872.

Das Ueberſetzungsrecht ſowie alle anderen Rechte vorbehalten.

Die Verlagshandlung.

Reichsfinanzwesen.

Das neue Deutsche Reich fügt sich bekanntlich nicht genau in diejenige Schablone des „Bundesstaats", welche in Deutschland so lange von den Staatsrechtstheoretikern als das Ideal des deutschen Zukunftsstaats hingestellt wurde. Vielmehr verräth es, in jeder Beziehung ein echtes Kind unserer realistischen Zeit, daß es ohne Rücksicht auf abstracte Principien der Politik ganz nach den concreten Bedürfnissen und unter dem Einfluß bestimmter realer Thatsachen, die nun einmal wohl oder übel maßgebend waren, entstanden ist. Die spitzfindigen, unfruchtbaren Spintisirereien über Staatenbund und Bundesstaat sind auch nicht mit Unrecht etwas in Mißcredit gerathen, und den Meisten gilt es heute wohl gewiß als ein Vorzug, daß unser neues Reich nach Maßgabe realer Potenzen statt abstracten Anforderungen der Doctrin gemäß gebildet worden ist. Diese Auffassung kann man theilen, gleichwohl aber den unzweifelhaft richtigen realen Kern in den staatsrechtlichen Begriffen „Staatenbund" und „Bundesstaat" und daher den Nutzen anerkennen, welcher aus der durchaus statthaften Subsumption des neuen Reichs unter den Bundesstaatsbegriff für die wissenschaftliche Betrachtungsweise und wahrlich auch für die Behandlung practischer Fragen hervorgeht[1]). Dies möchte von allen Verhältnissen des neuen Reichs, nicht zum Wenigsten aber auch von solchen einzelnen Gebieten wie dem Reichsfinanzwesen gelten.

Wir können jetzt im Deutschen Reiche, wie bisher schon im Norddeutschen Bunde, von einem wahren und wirklichen Reichsfinanzwesen sprechen, womit eben deutlich anerkannt wird, daß wir auch in den Finanzen durch die Jahre 1866 und 1870 den glücklichen Fortschritt vom Staatenbund zum Bundesstaat gemacht haben. Im ehemaligen deutschen Bunde gab es und konnte es nach der Natur dieser Staatenverbindung kein wirklich gemeinsames Finanzwesen,

---

[1]) Vgl. v. Rönne, Verfassungsrecht des deutschen Reichs. Leipzig 1872, (Umarbeitung des Aufs. in Hirth's Annalen IV) S. 32.

keinen wahren selbständigen Bundeshaushalt geben. Denn hier fehlte die Voraussetzung dafür: eine eigene Staatsgewalt, ein Gesetzgebungs- und Besteuerungsrecht des Bundes. Die eigentlich gemeinschaftlichen Gegenstände waren an Zahl und Bedeutung unbeträchtlich. Von einer wirklichen Uebertragung realer Staatsaufgaben von den Einzelstaaten auf den Bund zur Erledigung durch den letzteren war nicht die Rede. Eigentliche Bundesausgaben kamen deshalb nur in geringem Umfange, regelmäßig blos für die Bundeskanzlei, Drucksachen u. s. w., gelegentlich für die Bundesfestungen vor, wurden aber immer ganz durch sog. Matricularbeiträge nach einem bestimmten Modus von den einzelnen Staaten gedeckt, (abgesehen von der Verwendung eines Theils der französischen Kriegsentschädigung von 1815 für die Bundesfestungen). Die Bundescassen, in welche diese Beiträge flossen, die Bundeskanzlei- und die Bundesmatricularcasse, hatten daher eine untergeordnete Wichtigkeit. Für den Kriegsfall war die Errichtung einer Bundeskriegscasse zur Bestreitung der Kriegskosten in Aussicht genommen. Auch sie sollte aus Matricularbeiträgen gebildet werden. Ihre Function würde vermuthlich ebenso mangelhaft wie die des nur sehr euphemistisch sogenannten „Bundes"-Heeres gewesen sein. Ein Bundesschuldenwesen fehlte[1]). (Eine Beschränkung der Finanzgewalt der Einzelstaaten lag hinsichtlich der bundesmäßigen Verpflichtungen indessen doch auch im alten deutschen Bunde schon in der Bestimmung des Artikel 58 der Wiener Schlußacte vor[2]).

Im Norddeutschen Bunde und im Deutschen Reiche giebt es dagegen eine in bestimmten Sphären souveräne, eine eigentliche Staatsgewalt, das charakteristische Unterscheidungsmerkmal des Bundesstaats vom Staatenbund. Zahlreiche und zum Theil sehr wichtige, darunter im eminentesten Sinne wesentliche Staatsaufgaben sind der Competenz der Einzelstaaten entzogen und dem Bunde übertragen worden zu selbständiger Behandlung. Die betreffenden Thätigkeiten zur Erfüllung dieser Aufgaben gehen daher vom Bunde aus. Hierhin gehören vor allem die Thätigkeiten zur Durchführung des nationalen Machtzwecks[3]): Das Militairwesen (Heer und Flotte), die auswärtigen Angelegenheiten und die auswärtige Vertretung (Diplomatie und Consulate) sind Reichssache. Ferner sind wichtige Zweige der inneren, namentlich der volkswirthschaftlichen Verwaltung ganz oder großentheils dem Reiche übertragen, so daß die Gesetzgebung darüber ausschließlich, die Controle und oberste Ordnung vielfach und die specielle Verwaltung durch eigene Reichsorgane (Behörden, Beamte u. s. w.) in mehreren wichtigen Fällen, wenigstens im größten Theile des Reichsgebiets dem Reiche zusteht, so in Hinsicht des Post- und Telegraphenwesens. Endlich erstreckt sich die Competenz des Reichs auch auf bedeutsame Gebiete des Privatrechts, der Polizei und auf das Strafrecht, und in dem obersten

---

[1]) Vgl. Rau-Wagner, Finanzwissensch. 6. Aufl. I. 1872, § 38 g und ff., wo Näheres über die charakteristischen Momente des Finanzwesens in Staatenverbindungen verschiedener Art. Ueber den alten D. Bund s. Zachariä, Staatsrecht 2. A. II, § 294—296.
[2]) Zachariä a. a. O. § 222 S. 509, vgl. auch § 262 S. 698; § 294.
[3]) v. Holtzendorff, Politik, Berlin 1869. Kap. 8.

Handelsgerichtshof in Leipzig ist bereits eine wichtige practische Institution eines wahren Reichsjustizwesens geschaffen worden, deren Weiterentwicklung und Competenzerweiterung zum Theil schon erfolgt ist und sicherlich noch ferner erfolgen wird. Im Reichskanzleramt und im Bundesrath sind oberste Reichsbehörden vorhanden und der Reichstag vertritt nicht die einzelnen Bundesstaaten, noch deren Bevölkerungen, sondern das ganze deutsche Volk als solches oder als Reichsangehörige[1]).

In der Hauptsache besteht hinsichtlich der eigenen Staatsgewalt und der Competenz des Deutschen Reichs eine große Aehnlichkeit mit anderen Bundesstaaten, wie der Schweizerischen Eidgenossenschaft und den Vereinigten Staaten von Nordamerika. In einigen wichtigen Stücken sind wir sogar beiden bereits durch Herübernahme von Staatsaufgaben auf den Bund voraus. Die Aehnlichkeit der Verhältnisse in den drei genannten Bundesstaaten kann auch als Beleg dafür dienen, daß die Organisation des Deutschen Reichs trotz ihrer selbständigen, nicht nach Modellen erfolgten Ausbildung nicht willkürlich und zufällig ist, sondern der Natur der Sache und den Anforderungen eines Bundesstaats, in dem die Centrifugalkraft der Einzelstaaten richtig bewältigt ward, entspricht. Wie ungemein wichtig und heilsam das für die Finanzen ist, lehrt ein vergleichender Blick auf die beständig wechselnden, stets mehr oder weniger willkürlichen „Neugestaltungs"formen Oesterreichs, das nunmehr seit Jahrzehnten unstet zwischen dem Einheits-, Bundesstaat, Staatenbund, Real- und Personalunion und ganz loser Staatenverbindung seiner heterogenen Theile umherschwankt. Das ist unter den zahlreichen einwirkenden Ursachen gewiß eine der wesentlichsten für die schlechte Finanzlage dieses Reichs. Der größte Optimist und beste Freund Oesterreichs kann sich der Befürchtung des völligen Auseinanderfallens dieses unorganischen Conglomerats nicht mehr entschlagen, ein Mißtrauen, das natürlich auf den öffentlichen Credit vernichtend wirkt. Das junge Deutsche Reich darf schon heute als ein gesünderes organisches Gebilde bezeichnet werden und genießt den Credit altbewährter Einheitsstaaten.

Den selbständigen Aufgaben, deren Durchführung dem Deutschen Reiche als wahrem Staate obliegt, entsprechen naturgemäß selbständige Ausgaben. Sie sollen erst am Schlusse dieses Aufsatzes in Anknüpfung an das Reichsbudget für 1871 besprochen werden, um Wiederholungen zu vermeiden. Die Besorgung dieser Ausgaben setzt einen eigenen Reichshaushalt voraus. Aus der Größe der Aufgaben ergiebt sich ferner mit Nothwendigkeit ein bedeutender Umfang der Ausgaben. Eben deswegen können letztere im Bundesstaat und zumal in einem solchen von so umfassender Competenz, wie das Deutsche Reich, nicht wohl mehr ganz und auch nicht einmal mehr zum größeren Theile aus bloßen Quoten-Beiträgen der Haushalte der Einzelstaaten gedeckt werden. Denn daraus geht eine nachtheilige Abhängigkeit der Reichsfinanzen von den Landesfinanzen hervor. Die Mängel

---

[1]) Ueber die Competenz des Reichs s. Art. 2—4 der Reichsverfassung vom 16. April 1871. Vgl. in dem Jahrb. für Gesetzg. ꝛc. 1. Jahrg. S. 17 ff. und überh. den ganzen Artikel über die Reichsverfassung v. Thudichum; ferner Rönne a. a. O., über Reichsfinanzwesen S. 86 ff.

in der Einrichtung der letzteren können ungünstig auf das Reich zurückwirken, so daß die Deckung des Reichsbedarfs schwierig oder sehr lästig wird, was wieder in politischer Hinsicht dem Reiche, vollends einem neuerrichteten, nicht gleichgültig sein kann. Die Beiträge der Einzelstaaten müssen ferner nach einem passenden Maßstabe gleichmäßig unter sie vertheilt werden. Ein solcher Maßstab ist aber nicht anders zu finden, als in Operationen, durch welche entweder die verhältnißmäßige im Einkommen liegende Steuerfähigkeit der Bevölkerungen aller Einzelstaaten ermittelt oder selbst, gleich einen Schritt weitergehend, förmliche gleichmäßige Besteuerungsgrundlagen für das ganze Reich hergestellt werden. Diese Aufgabe ist jedoch keine leichte, und wird sie erfüllt, so ist es das Einfachere, die Steuern auf diesen Grundlagen dann gleich als Reichssteuern zu erheben. Ein anderer Maßstab zur Vertheilung von Matricularbeiträgen, wie z. B. der übliche, die Quoten der Staaten nach ihrer Bevölkerungszahl zu normiren, ist immer trügerisch und seine Anwendung verstößt gegen jenes erste Grundgesetz der Besteuerung, die Gleichmäßigkeit. Dies um so mehr, je verschiedener an Größe, wirthschaftlicher Entwicklung u. s. w. die Einzelstaaten sind. Im Staatenbunde mit seinen regelmäßig ganz unbedeutenden gemeinschaftlichen Ausgaben und selbst in einem noch wenig einheitlich entwickelten Bundesstaate, so lange die Ausgaben noch klein sind, fällt der Geringfügigkeit der zu repartirenden Summen wegen dieser Verstoß gegen das Erforderniß der Gleichmäßigkeit noch nicht schwer ins Gewicht. Im Bundesstaate mit größeren gemeinschaftlichen Ausgaben ist dagegen die Benutzung eines an sich nothwendig unrichtigen Vertheilungsmaßstabes ebenso unstatthaft als im Einheitsstaate selbst, wenn man hier für den Hauptstaatsbedarf die Beiträge der Provinzen etwa nach deren Bevölkerungszahl oder nach irgend einem andern ebenso willkürlich gewählten Momente bestimmen wollte[1]). So geht denn aus der Natur des Bundesstaats selbst das Bedürfniß nach **eigenen größeren Einnahmequellen** hervor, welche aus dem Haushalte der Einzelstaaten ganz ausgeschieden und blos der Competenz des Bundes und seiner Gesetzgebung unterstellt werden. Erst hierdurch erlangt der Bundeshaushalt die Natur eines wirklichen Staatshaushaltes und die erforderliche Selbständigkeit und Unabhängigkeit von den Einzelstaaten und deren Finanzen. Das Deutsche Reich hat demgemäß auch verfassungsmäßig beträchtliche eigene Einnahmequellen überwiesen bekommen.

Auch in der Bestimmung dieser letzteren zeigen die drei geschichtlich bedeutsamsten Beispiele der Bundesstaatsbildung, Schweiz, Nordamerika und Deutsches Reich, wieder ebensolche bemerkenswerthe Aehnlichkeiten wie in der Bestimmung der dem Bunde übertragenen Staatsaufgaben. Und begreiflich genug, da auch hier wieder die Natur der Sache zu einer gewissen Gleichmäßigkeit der Institutionen zwingt.

Die eigenen Einnahmequellen des Deutschen Reiches sind:
    I. **Gebühren**,
    II. **Zölle und innere Verbrauchssteuern**,

---

[1]) Rau-Wagner, Finanzwissensch. § 38h, Anm. d.

III. Andere besondere Reichssteuern,
IV. Domaniales Einkommen.

Der durch diese Einnahmen nicht gedeckte Rest der Reichsausgaben ist durch Matricularbeiträge der Einzelstaaten (V. Einnahmeklasse) zu bestreiten. Außerdem können unter Umständen Reichsschulden zur Deckung von außerordentlichen Ausgaben oder von Deficiten im Reichshaushalte aufgenommen werden (VI. Einnahmeklasse: außerordentliche Einnahmen).

I. Gebühren. An eine Reihe der jetzt zur Bundessache erklärten Staatsthätigkeiten und Staatseinrichtungen knüpfen sich in unseren Culturstaaten in der Regel seit Alters gewisse Einnahmen, welche der Mehrzahl nach unter den finanzwissenschaftlichen Begriff der Gebühren fallen[1]. Diese Gebühren, welche freilich mitunter gerade in Folge der Erklärung der bezüglichen Einrichtungen zur Bundessache eine Reform — und mit Recht — erleiden und dadurch für eine Zeitlang oder für immer eine unergiebigere Einnahmequelle werden (z. B. das Postporto), bilden naturgemäß die erste Hauptklasse der eigenen Einnahmen eines Bundesstaats[2].

Ihr Umfang hängt selbstverständlich von der Ausdehnung der dem Bunde übertragenen gebührenpflichtigen Einrichtungen und Thätigkeiten und von den Principien und Maaßen der Gebührenpflichtigkeit ab. Es kommt aber außerdem wohl vor, daß den Einzelstaaten, gerade weil ihnen mit jenen Einrichtungen auch Einnahmequellen von etwas verschiedener Ergiebigkeit in jedem einzelnen Staate entzogen worden sind, Einnahme-Antheile an der jetzigen gemeinschaftlichen Bundeseinnahme für kürzere oder längere oder für einstweilen unbestimmte Zeit vorbehalten bleiben. Fälle dieser Art finden sich in der Schweiz wie im Deutschen Reiche (in Betreff der Postüberschüsse). Durch die Berücksichtigung solcher Verhältnisse geräth man freilich mit dem Wesen des Bundesstaats und seines einheitlichen Haushalts in Widerspruch und trägt nur den Schwierigkeiten des Uebergangs vom Staatenbund zum Bundesstaat Rechnung. An und für sich werden die Roheinnahmen und die Ueberschüsse aus Gebühren oft genug auf die Einzelstaaten eines Bundesstaats sich recht verschieden vertheilen, je nach der volkswirthschaftlichen Entwicklung, z. B. bei Postgebühren und in anderer Weise mehr. Sucht man die Gleichmäßigkeit vollends unrichtiger Weise in gleichen Kopfquoten an Roh- oder Reineinnahmen, so wird es leicht sein, für einzelne Staaten mit Mehreinnahmen den Anspruch auf Präcipua bei der Einnahmeverrechnung geltend zu machen. Allein theils entspricht der höheren Einnahme aus dieser oder jener Gebühr in einem

---

[1] Der Name „Gebühren" wird in Wissenschaft und Praxis in mannigfach verschiedenem Sinne gebraucht. Hier wird derjenigen Begriffsbestimmung und Classification gefolgt, welche in Rau-Wagner, Finanzwissensch. I, § 90, 95 ff. näher begründet worden ist.

[2] Daran ist festzuhalten, obgleich der Art. 70 d. D. Reichsverf. diese Einnahmen unter den Deckungsmitteln der gemeinschaftlichen Ausgaben nicht besonders nennt und auch die aus dem Post- und Telegraphenwesen fließenden gemeinschaftlichen Einnahmen erst nach den Zöllen und Verbrauchssteuern aufführt.

Einzelstaate, d. h. eben in einem Landestheil eines Bundesstaats, eine stärkere Beanspruchung der bezüglichen Dienstleistungen der Bundesinstitution, wodurch die gerechte Ausgleichung zwischen Leistung und Gegenleistung für die Bevölkerung des einzelnen Landestheiles schon hergestellt wird, theils drückt sich in der größeren Einnahme aus einer Gebühr (und zwar in Betreff des Reinertrages vielleicht noch mehr, als in Hinsicht des Rohertrags) öfters eine stärkere wirthschaftliche Leistungsfähigkeit, eine größere Steuerfähigkeit eines Landestheils aus, was zumal bei einzelnen Gebühren von etwas steuerartigem Charakter[1] wiederum die Behandlung der Gebühreneinnahmen als reiner Bundeseinnahmen ohne Rücksicht auf die Herkunft aus dem einen oder anderen Einzelstaate rechtfertigt.

Die eine große Gruppe wahrer Gebühren des modernen Staats, die Rechtsgebühren[2]), ist im Deutschen Reiche noch schwach vertreten, weil die bezüglichen Einrichtungen des Justizwesens und der Verwaltung doch großentheils den Einzelstaaten verblieben oder die betreffenden Reichsinstitute noch in der ersten Entwicklung begriffen sind. Vorläufig gehören hierher die bei dem Reichsoberhandelsgericht zur Annahme kommenden Gerichtsporteln[3]) u. s. w., ferner der größte Theil der bei dem auswärtigen Amte, bei Gesandtschaften und namentlich bei den Consulaten[4]) vorkommenden Gebühren für Amtshandlungen derselben im Interesse von Privatpersonen. Die Einnahme aus dem Reichs-Wechselstempel pflegt, wie die sog. Stempeleinnahmen überhaupt schlechtweg, unter die Gebühren gestellt zu werden, gehört jedoch nach richtigerer finanzwissenschaftlicher Auffassung zu den eigentlichen Steuern.

Die zweite große Gebührengruppe umfaßt die Gebühren im Gebiete der Cultur- und Wohlfahrtsförderung, daher speciell im Sanitätswesen, in der volkswirthschaftlichen und in der Verwaltung des Unterrichts-, Bildungswesens und des öffentlichen Cultus[5]). Die Competenz des Deutschen Reichs erstreckt sich bereits auf manche Verhältnisse in diesen Gebieten und mehrfach sind gebührenpflichtige Thätigkeiten insbesondere dem Reiche auf dessen Rechnung übertragen, gehören also mit ihren Ausgaben und Einnahmen zum Reichsfinanzwesen.

Dies gilt vor allem vom Post- und Telegraphenwesen, dessen Einnahmen in finanzwissenschaftlicher Beziehung durchaus zu den Gebühren zu

---

[1]) Es gilt dies selbst vom Postporto, in welchem theilweise die geschäftlichen, besonders die Handelsklassen etwas mit besteuert werden.
[2]) Rau-Wagner, Finanzwissensch. I, § 96—98.
[3]) Ges. v. 12. Juni 1869 über den obersten Handelsgerichtshof § 22. Einziehung und Verrechnung der Gebühren erfolgt bisher durch die Stadtgerichtssalarienkasse in Berlin. Anl. F z. Reichshaushaltetat für 1871, bei Hirth, Annal. IV, 723.
[4]) Die Berufsconsuln beziehen die Gebühren nach § 8 des norddb. Ges. über Organisation der Bundesconsulate vom 8. Nov. 1867 f. d. Bundeskasse, die Wahlconsuln für sich (§ 10). Provis. Gebührentarif vom 15. März 1868 (ob für Gerichtsverhandl. der preuß. Tarif v. 24. Oct. 1865 maßgebend? S. Hirth, Annalen II, 172).
[5]) Rau-Wagner, Finanzwissensch. I, § 99 ff.

rechnen sind, wenn sie auch im Staatsrecht und von den älteren Finanz=
theoretikern noch zu der besonderen Classe der Einnahmen aus Regalien
(nutzbaren Hoheitsrechten) gestellt werden[1]). Durch die Reichsverfassung Art.
52[2]) ist indessen auf Grund der Verträge des Norddeutschen Bundes mit Bayern
und Württemberg diesen Staaten die eigene Verwaltung ihres Post= und
Telegraphenwesens belassen worden. Sie tragen nur einen Antheil an den
Centralverwaltungskosten der Post= und Telegraphie[3]), die übrigen Ausgaben
und die Einnahmen der Post gehen nur den Rest des Reichs an. Baden hat
ferner mit Rücksicht auf seine bisherigen größeren Reineinnahmen aus der
Post einen Vorbehalt in Betreff der Berechnung seines Ueberschußantheils
gemacht[4]), tritt aber von 1876 an ganz in dieselbe Stellung wie die anderen
Staaten des Reichs. Für letztere, also für die Staaten des ehemaligen Nord=
deutschen Bundes (incl. Südhessen) werden die Ueberschüsse der Postver=
waltung noch nicht als eigentliche Reichseinnahmen aufgefaßt, sondern nach
Verhältniß der früheren Reinerträge der einzelnen Postverwaltungen den ein=
zelnen Staaten noch acht Jahre lang bis zum Jahre 1875 apart zu Gute
gerechnet, à Conto ihrer Matricularbeiträge[5]). Erst vom Jahre 1876 an fließt
der Postüberschuß einfach in die Reichskasse. Ferner wird die Einnahme aus
der Aufhebung der amtlichen Portofreiheiten der Einzelstaaten (Ges. v. 5. Juni
1869) ebenfalls nach einem besonderen Maaßstabe vorläufig (bis Ende 1875)
noch den Einzelstaaten zu Gute geschrieben[6]). Lauter sorgfältige Rücksicht=
nahmen auf die Uebergangsschwierigkeiten.

Die Gebührenordnung (Gebührentarif) für die Post ist in dem Gesetz
des Norddeutschen Bundes über das Posttarwesen vom 4. November 1867
und in dem neuen, in der ersten Session des Reichstages vereinbarten Ge=
setze über denselben Gegenstand vom 28. October 1871 festgesetzt worden.
Der finanziell wichtigste Punkt in dem ersten Gesetz war die Ersetzung des bis=
herigen dreistufigen Entfernungsportos für die Briefe von 3, 2 und 1 Sgr. auf
1 Sgr. für den einfachen Brief bis 1 Loth Gewicht ohne Rücksicht auf die
Entfernung, wodurch ein bedeutender Einnahmeausfall bewirkt wurde. In
dem zweiten Gesetze hat eine kleine Veränderung des einfachen Briefgewichts
(von $16^2/_3$ auf 15 Gramm), also indirekt eine kleine Portoerhöhung statt=
gefunden. Ferner ist das besondere Bestellgeld für Landbriefe dem Wunsch
des Reichstags gemäß aufgehoben worden, wozu der Bundesrath nach einigem
Sträuben schließlich doch seine anfangs aus finanziellen Gründen verweigerte
Zustimmung gegeben hat. Ein neuer Einnahmeausfall ist dadurch für 1872
zu erwarten. Die Telegraphengebühren im internationalen Verkehr beruhen

---

[1]) Ebendas. § 100 Nr. 2 c, § 101.
[2]) Vgl. Jahrb. S. 37; Rönne a. a. O. S. 134.
[3]) Vgl. Anl. G z. Haushaltetat f. 1871, Nachtrag. Hirth, Annalen IV, 697, 746.
[4]) Protokoll v. 15. Nov. 1870, s. Jahrb. S. 55.
[5]) Nordd. Verf. Art. 52, Reichsverf. Art. 51, Vgl. Jahrb. S. 36. S. die Details der Berechnungsweise bei Hirth, Ann. II, 242; IV, 705.
[6]) Für 1871 beträgt der Antheil der Nordd. Staaten an den Postüberschüssen des gewöhnlichen Postverkehrs 368,965, an denjenigen in Folge der Aufhebung der Portofreiheiten 1,868,284 Thlr.

auf dem Pariser Telegraphenvertrag vom 17. Mai 1865, dem Deutsch-Oesterreichischen vom 30. Sept. 1865, späterem Ministerialerlasse v. 12. Mai 1867 und der Norddeutschen Telegraphenordnung vom 24. December 1867 nebst Circularerlaß vom 19. Januar 1869.

Zu den Gebühren würden weiter die Münz- und Eichgebühren für die Thätigkeiten der Reichsbehörden im Privatinteresse gehören. Der sog. Schlagschatz, welcher für Prägungen der Privaten berechnet wird, fällt wie das Postporto unter den Begriff der Gebühr[1]). Nach dem Gesetz, betreffend die Ausprägung von Reichsgoldmünzen vom 4. December 1871 soll die Ausprägung der Goldmünzen vorläufig auf Kosten des Reichs in den Münzstätten gewisser Bundesstaaten (§ 6) geschehen. Dasselbe gilt von der Einziehung der bisherigen deutschen Goldmünzen und groben Silbermünzen. Folgerichtig wird in dem zu erwartenden neuen Münzgesetze, wenn dasselbe diese Grundsätze, wie zu vermuthen, beibehält, der Schlagschatz für hoffentlich zugelassene Prägung von Goldmünzen auf Privatrechnung der Reichskasse zufließen müssen. Der weitere Gewinn aus der Münzprägung, der bei den vollwichtigen Münzen allerdings auf die Differenz des Barren- und Münzpreises beschränkt, bei den Silbermünzen der Goldwährung und den Scheidemünzen aber etwas erheblicher ist, wird dann auch dem Reiche gebühren.

Die Eichungsämter, welche die Eichung und Stempelung nach der Bundes-Eichgebührentaxe vom 12. December 1869 ausüben, sind nach der Maaß- und Gewichtsordnung vom 17. August 1868 Behörden der Einzelstaaten, so daß bis jetzt die Gebühren nicht in die Reichskasse fließen. Die Normaleichungscommission steht daher nur mit Ausgaben im Etat. Ob nicht die Uebertragung der vollständigen Verwaltung des Eichungswesens auf das Reich zweckmäßiger wäre, bleibt zu erwägen.

Da die genannten gebührenpflichtigen Einrichtungen und Thätigkeiten gegenwärtig mit Recht nicht mehr fiscalistisch zum Zweck der Beschaffung hoher Ueberschüsse verwaltet werden, sondern die Gebühren in der Hauptsache nur die Kosten der betreffenden Institution oder selbst nur einen Theil davon decken sollen[2]), so bleibt aus diesen Einnahmequellen freilich nur ein unbeträchtlicher Zuschuß zu der Deckung der allgemeinen Staatseinnahmen übrig. Im ehemaligen Norddeutschen Bunde ist dieser Zuschuß durch die gleich in der ersten Zeit erfolgende liberale Posttarifreform erheblich geschmälert worden[3]). Um so nothwendiger daher die Eröffnung weiterer Einnahmequellen.

---

[1]) Rau-Wagner, Finanzw. I, § 100 unter e.

[2]) Ebendas. § 90, 91, 104, 105.

[3]) Anschlag der Einnahme der Postverwaltung im Norddeutschen Bunde im Budget für 1868 22,965,560 Thlr., der Ausgabe 20,691,893 Thlr., des Ueberschusses 2,273,893 Thlr. Das Ergebniß war 20,516,435 Thlr. Einnahme, 20,655,056 Thlr. Ausgabe und 138,621 Thlr. Deficit. Der Ausfall betrug gegen den Anschlag 1,690,000 Thlr. beim Porto, 435,000 Thlr. bei den Bestellgebühren, 160,000 Thlr. beim Personengeld, 46,000 Thlr. beim Zeitungsdebit, i. G. 2,331,000 Thlr. Für 1861—65 wird der Ueberschuß der Staaten Norddeutschlands auf 3,701,017 Thlr. berechnet. Hirth, Ann. II, 226, 243. Anschlag des Postüberschusses f. 1869 548,519, Ergebniß 262,378 Thlr. A. f. 1870 264,371 Thlr., f. 1871 2,399,295 Thlr., wovon aber über 3/4 aus der Aufhebung der Portofreiheiten.

II. Diese bieten sich zunächst und in bedeutendem Umfange in **indirecten Abgaben**, namentlich in **Zöllen** und **inneren Verbrauchssteuern**. Es ist wiederum keine Zufälligkeit, daß als Steuern des Bundesstaats regelmäßig solche indirecte Steuern zuerst erscheinen und die Zölle dabei im Vordergrund stehen. Im Norddeutschen Bunde wie im Deutschen Reiche sind diese Abgaben zum Theil aus dem Zollverein, also aus dem handelspolitischen an den politischen Bund übergegangen. Aber die Schweiz und Nordamerika zeigen uns in Betreff der Zölle, letzteres auch in Betreff innerer Verbrauchssteuern, besonders solcher, welche mit den Zöllen auf die gleichen auswärtigen Artikel in engem Conner stehen, etwas Aehnliches. Dies ist auch begreiflich und in der Entwicklung dieser Abgabezweige der Bundesstaaten wiederholt sich nur ein früherer Vorgang in der Finanz- oder Steuergeschichte der Einheitsstaaten, zumal der nationalen.

Die modernen Zölle sind fast nur noch **Grenzzölle**. Unter diesen stehen als Finanz- wie als Schutzzölle die **Einfuhrzölle** ganz voran. Durch das Landesgrenzzollsystem ist neuerdings das **Zollgebiet statt des Staatsgebiets zur territorialen Basis der Volkswirthschaft gemacht worden**. Die Rolle, welche demgemäß in volkswirthschaftlicher und finanzieller, aber nicht minder in politischer Beziehung das Grenzzollsystem Colberts für einen Theil, dasjenige der französischen Revolution und der Folgezeit für ganz Frankreich mittelst der Einreißung der inneren und der Aufrichtung von Zolllinien nach Außen gespielt hat, ist bekannt[1]). Aus späterer Zeit kann auf Rußland, Oesterreich, die Schweiz, Italien und vor allem auf unseren deutschen Zollverein hingewiesen werden. In einem bisher politisch und volkswirthschaftlich durch Staats- und Zollgrenzen getrennten politischen oder nationalen Körper ist ein gemeinsames Grenzzollsystem ein wichtiges Bindemittel, das zudem noch eine ergiebige gemeinsame Einnahmequelle zu liefern pflegt. Wo so mächtige politische, öconomische und finanzielle Gründe zusammentreffen, ist es erklärlich, daß jeder Staat einen neuen Landestheil möglichst rasch in sein Zollgebiet aufnimmt und daß vor allem Bundesstaaten sich zu einem einheitlichen Zollgebiet umzugestalten suchen, bei der ersten Vereinigung nach bisheriger völliger politischer Isolirung oder beim Uebergang aus dem Staatenbund. Es sprechen aber außerdem auch noch besondere steuertechnische Gründe dafür, in Bundesstaaten Zölle und die mit ihnen in Verbindung stehenden inneren Verbrauchssteuern zu Bundessteuern zu erheben. Denn die steuertechnische Zweckmäßigkeit dieser Abgaben hängt wesentlich von der Höhe der Erhebungskosten, der möglichsten Verringerung der Controlen und der Leichtigkeit, den Schmuggel, die Defraudation zu bewältigen, ab. In jeder dieser Beziehungen gehen aus der Kleinheit, der ungünstigen geographischen Lage, Form, Grenzbeschaffenheit, dem ungünstigen Verhältniß zwischen der Länge der zu bewachenden Grenzlinie und dem Flächeninhalt des

---

[1]) Ueber die allgemein-politische Bedeutung des Grenzzollsystems s. A. Wagner, Art. Zölle im Staatswörterb. v. Bluntschli u. Brater XI, 344 und ders., Elsaß und Lothringen, 6. Aufl. 1871, S. 55.

Landes u. s. w. Schwierigkeiten für einen kleinen, zumal schlecht arrondirten Staat hervor. Im Bundesstaat wächst dagegen, um ein berühmt gewordenes Bild auf diese Verhältnisse anzuwenden, das Gebiet förmlich in die lange, schlaffe Zolllinie hinein und füllt sie aus. Ein großartiges Beispiel hierfür ist die Ausrundung des preußischen zum deutschen Reichszollgebiet von 1818 bis 1872[1]). Man kann dann mitunter auch erst eine passende Ausbildung des Zoll- und Verbrauchssteuersystems vornehmen, die sich in den Einzelstaaten des Staatenbunds verbot (Salz- und Tabaksteuer in Deutschland).

Wenn wir daher im Deutschen Reiche, wie schon vorher im Norddeutschen Bunde, die bis jetzt weitaus wichtigste selbständige Einnahmequelle in den Zöllen und einer Reihe innerer Verbrauchsabgaben sehen, so erklärt sich dies allerdings zunächst geschichtlich aus den Beziehungen unseres neuen Bundesstaats zum Zollverein. Wir würden ohne die vorausgegangene Entwicklung der Zölle und Verbrauchsteuern im letzteren mit der Entwicklung dieser Einnahmequellen in der kurzen Zeit seit 1866 auch schwerlich sonst schon soweit gediehen sein. Das Reichsfinanzwesen verdankt daher dem Zollverein wie das Reich selbst unendlich viel. Dennoch wird es gut sein, um die Reichsfinanzen von jedem Moment des blos Zufälligen zu entkleiden, nach dem Obengesagten die volle Naturgemäßheit und Zweckmäßigkeit gerade der genannten Einnahmequellen für einen Körper wie das Deutsche Reich sich klar zu machen und sich auf die Analogie mit anderen Bundesstaaten zum weiteren Beleg hierfür zu stützen. Damit sind die einzelnen, jetzt im Deutschen Reiche bestehenden Zölle und Verbrauchssteuern noch keineswegs alle ohne Weiteres gut geheißen: aber wenn diese oder jene Abgabe Mängel hat, so sind die letzteren immer noch an **Reichssteuern** eher zu ertragen, als an **Landessteuern** und wären an diesen ohne Zweifel noch größer. Dies gilt selbst von einer so bedenklichen Steuer wie der übermäßig hohen neuen deutschen Salzsteuer. Denn dieselbe ist in steuertechnischer Hinsicht immerhin ein wesentlicher Fortschritt gegen das frühere Salzmonopol und gegenüber der so mannigfach verschiedenen Höhe und Erhebungsart der Steuer und des Monopols vor 1866.

Nach Art. 70 der deutschen Reichsverfassung vom 16. April 1871 dienen nach den etwaigen Ueberschüssen aus den Vorjahren die Einnahmen aus den Zöllen und den gemeinschaftlichen Verbrauchssteuern zunächst zur Bestreitung der gemeinschaftlichen Ausgaben. Nach dem Haushaltsetat des Norddeutschen Bundes für 1871 vom 15. Mai 1870 sind, mit Einschluß

---

[1]) Länge der Grenzzolllinie in Preußen allein 1819: 1073 Meilen bei 5045 Qu.-M. Fläche, in den mit einem Grenzzollsystem versehenen anderen Staaten (Bayern, Sachsen, Württemberg, Baden, Kurhessen, Großh. Hessen, Hannover-Oldenburg. Steuerverein) bei blos circa 3456 Qu.-M. Fläche zusammen 1564 M. Im Jahre 1833 im Zollverein nur noch 1206 M. Grenzen auf 7729 Qu.-M. Fläche, 1844 1105 und 8245, 1856 (nach Anschluß Hannovers) 1066 und 9045, 1. Juli 1869, nach dem Beitritt Mecklenburgs, Schleswig-Holsteins u. s. w., 1114 geogr. M. Länge und 9,666 geogr. Qu.-M. Fläche. Durch den Beitritt von Elsaß-Lothringen ist das Zollgebiet auf 9928 Qu.-M. gewachsen, die Grenzlänge wohl noch etwas kleiner geworden. Welcher Fortschritt seit 1819! S. Viebahn, Statistik v. Deutschland I, 227; Hirth, Ann. IV, 545.

der Einnahme für Zölle und Verbrauchssteuern Seitens der Bundesgebiete, welche nicht zum Zollverein gehören, nicht ganz zwei Drittel der veranschlagten Gesammtausgaben und ziemlich genau zwei Drittel der sog. fortdauernden Ausgaben durch die genannten Einnahmequellen gedeckt: 48,574,500 Thlr. von 77,446,287 Thlr. Ausgabe, wovon 72,721,861 Thlr. an fortdauernden, und 4,724,426 Thlr. an einmaligen und außerordentlichen Ausgaben. Durch den Anschluß der süddeutschen Staaten ist die Quote der Zölle und Verbrauchssteuern von der ordentlichen Gesammtausgabe (oder Einnahme) etwas kleiner geworden, weil Bayern, Württemberg und Baden nicht an allen gemeinschaftlichen Verbrauchssteuern Theil nehmen. Der Haupttheil der Reichseinnahmen kommt aber auch jetzt noch auf die erwähnten Einnahmen: etwa drei Fünftel.

Finanzielle Interessen des Reichs knüpfen sich daher an die Zölle und Verbrauchssteuern in ähnlichem Maaße als volkswirthschaftliche und speciell handelspolitische. Letztere können mitunter durch diesen Conner leiden oder müssen wenigstens zeitweise zurückstehen gegenüber den finanziellen Rücksichten. Das hat sich im Norddeutschen Bunde schon gelegentlich gezeigt, wird durch die Grundsätze des Bundesraths, im Allgemeinen keine Tarifreformen zuzulassen, welche Einbußen an den Einnahmen bringen, wenn nicht gleichzeitig für einen Ersatz des Ausfalls gesorgt wird, documentirt[1]) — also z. B. keine Aufhebung eines Schutzzolles ohne gleichzeitigen Ersatz in einem Finanzzoll — und wird im Deutschen Reiche wohl auch noch mitunter vorkommen. Indessen liegt in solcher nothwendigen Rücksichtnahme namentlich bei handelspolitischen Reformen auf die jeweilige Finanzlage auch ein Gewinn für das Ganze. In Einheitsstaaten besteht das Verhältniß seit lange. In Großbritannien insbesondere sind die großen Reformen im Zolltarif, in den Finanz-, Schutz-, Differentialzöllen zu Gunsten der eigenen Colonialproducte, in den Accisen u. s. w. immer mit sorgfältiger Beachtung der jeweiligen Finanzlage bewerkstelligt worden, unbekümmert um radicale Parteiforderungen, nach einer rascheren und rücksichtsloseren Beseitigung von solchen Zöllen und Accisen, die vielleicht ihr Mißliches hatten, aber eben sichere Einnahmen zur Deckung des Staatsbedarfs abgaben. Ein solches Vorgehen trägt zu einem ruhigen, normalen Entwicklungsgange der Handels- und Wirthschaftspolitik bei, im Interesse des gesammten Staatslebens. Mächtige Gesellschaftsclassen, die zu gerne ihr specifisches Wirthschaftsinteresse als dasjenige der gesammten Bevölkerung darstellen, — bald Handel und Industrie, bald Grundbesitz — während das Volk oft nur ganz secundär betheiligt ist, werden ihre Forderungen nach Tarifreformen nicht so leicht durchsetzen, wenn für den Einnahmeausfall immer erst sorgfältig Ersatz gesucht werden muß. Kurz, indem wir die Zölle und wichtige Verbrauchssteuern zur hauptsächlichen Einnahmequelle der Reichsfinanzen gemacht haben, haben wir ein ganz gesundes conservatives

---

[1]) Vgl. den Bericht des Vorstandes der nat.-lib. Partei über die abgelaufene Legislaturperiode des Reichstags u. s. w. bei Hirth, Ann. III, 608; ferner die allgem. Motive zum Gesetzentwurf über Tarifreform im Mai 1870 (ebendaselbst III, 348).

Element in die diese Einnahmen beeinflussende Wirthschafts- und Handelspolitik des Reichs gebracht.

Der sechste Abschnitt der deutschen Reichsverfassung, welcher vom Zoll- und Handelswesen handelt, ist daher für das Finanzwesen ebenso wichtig als für Handel und Volkswirthschaft überhaupt. Deutschland bildet hiernach ein Zoll- und Handelsgebiet, das von einer gemeinsamen Zolllinie umgeben ist. Ausgeschlossen aus dieser bleiben die wegen ihrer Lage zur Einschließung in die Zolllinie nicht geeigneten Gebietstheile (Art. 33). Außer kleinen Landstrichen, welche aus dieser Rücksicht schon früher außerhalb des Zollvereins standen, dem ihre Staaten angehörten (kleine Theile von Preußen und Baden)[1], sind gegenwärtig vornehmlich nur noch die Hansestädte Hamburg und Bremen mit einem Theil ihres eigenen, die Stadt umgebenden, und benachbarter Gebietstheile von Preußen (namentlich Altona), und Oldenburg vom ganzen deutschen Reichsgebiet nicht im Zollverein. Mehrfach sind an dem Hamburgischen und Preußischen Zollausschlußgebiet schon kleinere Veränderungen erfolgt, wodurch dasselbe noch etwas mehr beschränkt wurde. Schleswig-Holstein (außer dem genannten Gebiet von Altona u. s. w. und bei Hamburg), Lauenburg, beide Mecklenburg und Lübeck sind bereits zur Zeit des Norddeutschen Bundes bis Mitte 1868 in den Zollverein getreten. Ferner gehört seit 1. Januar 1872 auch das Reichsland Elsaß-Lothringen dem Zollverein vollständig an (Ges. vom 17. Juli 1871 § 1).

Hamburg, Bremen und Lübeck wurde durch Art. 34 der Norddeutschen Bundesverfassung das Recht zuerkannt, außerhalb der gemeinschaftlichen Zollgrenze zu bleiben, bis sie ihren Einschluß in dieselbe selbst verlangten. Lübeck hat dies gethan (1868). Den beiden großen norddeutschen Emporien ist als Freihäfen die frühere Befugniß im Art. 34 der Reichsverfassung noch ferner eingeräumt geblieben. Diese rücksichtsvolle Behandlung war politisch zweckmäßig. Auch vom volkswirthschaftlichen Gesichtspunkte und aus den speciellen Handelsverhältnissen Hamburg-Altona's und Bremens läßt sich Einiges dafür geltend machen. Indessen möchte der zukünftige Anschluß beider Plätze an den Zollverein in nicht zu ferner Zeit doch im beiderseitigen Interesse wünschenswerth und nothwendig und trotz der noch vorherrschenden Abneigung der Großhandelskreise in beiden Städten auch nicht unwahrscheinlich sein. Die Erfahrung anderer Länder zeigt, daß sich das Freihafensystem überlebt hat. Die Zwischenhandelszweige, deren ungeschmälerte Erhaltung man in Hamburg und Bremen von der Freihafenstellung bedingt meint, sind in England und Holland noch vorhanden und lassen sich mit Hülfe eines guten Entrepotsystems weiter betreiben. Die fernere Ermäßigung mancher Tarifposten, die weitere Beseitigung von Schutzzöllen, vor allem die Verbesserung des Zollverfahrens in Zollverein werden manche noch bestehende Bedenken gegen den Zollanschluß in beiden Hansestädten aufheben. Die Interessen anderer Handelszweige und diejenigen der Localindustrie verlangen den Anschluß. So wird man der

---

[1] S. die genauen Arealberechnungen für 1869 von Herm. Wagner in Hirth, Ann. II, 885—906, und von demselben im Goth. Almanach 1870 S. 991, 1871 S. 773, 1872 S. 328, desgl. in Behm's Geogr. Jahrbuch III, 27.

Weiterentwicklung dieser Verhältnisse mit Ruhe entgegensehen können. Die jetzige Stellung beider Plätze ist durch die politischen Ereignisse eine Ausnahmestellung geworden und hat als solche immer ihre politischen Bedenken, weil sie unvermeidlich den Charakter eines Privilegs annimmt, das den Grundsätzen des neuen Reichs eigentlich widerspricht.

In finanzieller Beziehung hat der Zollausschluß von Hamburg-Altona und Bremen die Erhebung von Pauschsummen oder Aversen zur Folge, welche diese Gebiete statt der sonst in ihnen zur Erhebung kommenden Zölle und Verbrauchssteuern an die Reichskasse entrichten. Die richtige Normirung solcher Aversen hat immer ihre erheblichen Schwierigkeiten. Die jetzt festgestellten enthalten vielleicht keine finanzielle Begünstigung der Zollausschlüsse, vielleicht selbst eine verhältnißmäßige Mehrbelastung, welche aber natürlich nicht aus der Vergleichung der Kopfquoten an Aversen mit den Quoten an Zöllen und Verbrauchssteuern per Kopf im Zollgebiet erwiesen werden kann. Das etwaige Plus der Aversen wäre aber auch um so gerechtfertigter, da ein gewisser Entgang an Zolleinnahmen u. s. w. durch Schmuggel von den Freihäfen aus nicht zu läugnen sein wird. Eine Veränderung der Aversen, die im Grunde jeder Veränderung in den Zöllen und Verbrauchssteuern im Zollgebiet folgen müßte, macht neue Schwierigkeiten, da die sachlichen Anhaltspunkte für eine richtige Normirung immer mehr oder weniger mangeln. So ergeben sich doch auch manche Anstände gegen die Ausnahmestellung der Hansestädte vom finanziellen Gesichtspunkte aus [1]).

Abgesehen von diesen Zollausschlüssen deckt sich das deutsche Reichs- und das Zollvereinsgebiet jetzt bis auf Luxemburg, dessen politische Stellung ja leider immer noch unentschieden ist, fast vollständig. An der baierisch-tiroler Grenze ist eine kleine österreichische Gemeinde wegen ihrer Lage dem Zollverein angeschlossen [2]).

Die näheren Bestimmungen über das Zollwesen und die Verbrauchsbesteuerung finden sich in den Art. 35—40 der Reichsverfassung, auf welche

---

[1]) In den ersten Etats des Nordd. Bundes waren Aversen auch noch für beide Mecklenburg und Lübeck angesetzt. Gesammtbetrag 1868 nach Anschlag 2,296,570 Thlr., 1869: 2,202,110 Thlr., wovon 119,820 Thlr. auf Preußen (für Altona u. s. w.), 896,800 Thlr. Mecklenburg-Schwerin, 156,510 Mecklenburg-Strelitz, 3920 Oldenburg (Brake), 72,680 Lübeck, 252,390 Bremen, 699,890 Hamburg. Die Pauschsumme wurde und wird berechnet unter Annahme eines gleichen Betrags an Zöllen und Verbrauchssteuern per Kopf im Zollausschlußgebiet wie im Norddeutschen Zollgebiete und unter Zuschlag von 1 Thlr. per Kopf zu der sich hiernach ergebenden Summe für Hamburg und Bremen. Für 1870 waren diese Aversen veranschlagt für Preußen auf 141,410, Oldenburg 4150, Hamburg 656,250, Bremen 247,770 Thlr., im Ganzen 1,049,180 Thlr.

[2]) Es war 1871 nach dem Goth. Almanach für 1872:

	geogr. Qu.-M.	Einwohner (1867)
Deutsches Reich	9888	40,108,029
Davon im Zollverein	9617	38,102,432
Hierzu Elsaß-Lothringen	264	1,598,366
Im Ganzen: Reichsgebiet des Zollvereins	9881	39,700,798
Hierzu Luxemburg	47	199,958
Zollgebiet im Ganzen	9928	39,900,756

hier für Einzelnes verwiesen wird. Es genügt hervorzuheben, daß das Reich ausschließlich die Gesetzgebung über das gesammte Zollwesen und über die Besteuerung des im Bundesgebiete gewonnenen Salzes und Tabaks, bereiteten Branntweins und Biers und aus Rüben oder anderen inländischen Erzeugnissen dargestellten Zuckers und Syrups hat. Das Reich hat die Zölle und diese sämmtlichen Verbrauchssteuern aus dem Zollverein und dem Norddeutschen Bunde herübergenommen, wo die bezügliche Besteuerung bereits gesetzlich geregelt war. Es bestehen also jetzt als Reichssteuern: die Zölle, eine Rübenzucker-, Salz-, Tabak-, Branntwein- und Braumalzsteuer.

In Folge der Anschlußverträge ist jedoch in Bayern, Württemberg und Baden die Besteuerung des inländischen Biers und Branntweins der Landesgesetzgebung dieser Staaten überlassen worden (Art. 35 der Verf.). Die letzteren haben daher bei den Abrechnungen über die noch zu leistenden Matricularbeiträge zur Deckung des Rests der Reichsausgaben keinen verhältnißmäßigen Antheil an der Braumalz- und Branntweinsteuer geltend zu machen. Die leidige Folge dieser einstweilen allerdings kaum ohne große Störungen der süddeutschen, besonders der bayerischen Finanzen zu beseitigenden aparten Stellung der drei Südstaaten[1]) ist die Nothwendigkeit, wieder auf beiden Seiten, im Norden und Süden, Uebergangsabgaben auf Branntwein und Bier aus der anderen Reichshälfte erheben und die erforderlichen Controlen des Verkehrs eintreten lassen zu müssen. Dafür daß dieser letzte wesentliche Rest der früheren innerdeutschen Zollpolitik in hoffentlich nicht zu ferner Zeit falle, ist indessen durch den Schlußsatz des Art. 35 wenigstens eine Aussicht eröffnet worden: danach sollen die Bundesstaaten ihr Bestreben darauf richten, eine Uebereinstimmung der Gesetzgebung über die Besteuerung auch dieser Gegenstände herbeizuführen. Ist diese einmal erzielt, so wird doch wohl auch die Ausnahmestellung der drei süddeutschen Staaten alsdann fallen. Bayern wird sich freilich vielleicht immer noch auf seinen stärkeren Bierconsum berufen und damit wenigstens den Anspruch auf ein Präcipuum begründen wollen. Selbst die Gewährung eines solchen wäre besser, als der gegenwärtige

Zollausschlüsse 1871:

	Qu.-M.	Einw.
Baden	1,026	5,347
Preußen	0,995	88,121
Oldenburg	0,012	2,591
Bremen	3,965	108,196
Hamburg	1,587	270,480
Im Ganzen	7,585	474,735.

Vom Hamburgischen Gebiete gehören zum Zollverein: 5,855 Qu.-M. mit 32,856 Einw. (Zollbevölkerung), vom Braunschweigischen 0,711 Qu.-M. mit 1376 Einw. Im Hamburg-Altonaer Gebiet hat Anf. 1872 eine neue kleine Rectification stattgefunden zu Gunsten des Zollgebiets.

[1]) Die Braumalzsteuer betrug im Norddeutschen Bunde per Kopf 1868 3 Sgr. 2 Pf., 1869 3 Sgr. 5 Pf., im rechtsrh. Bayern dagegen der sog. Malzaufschlag per Kopf 1865—66 41 Sgr. 10 Pf., 1868 31 Sgr. 4 Pf. In der Pfalz besteht dieser Aufschlag nicht. Hirth, Ann. IV, 587, 592.

Zustand. Da indessen die Präcipuen bei der Erneuerung des Zollvereins=
vertrags v. J. 1867 bereits gefallen sind, im Ganzen aber noch heute der
steuertragende Colonialwaarenconsum im Norden nicht unerheblich größer als
im Süden sein möchte, so kann die Gewährung eines solchen Präcipuums
an Bayern doch hoffentlich seinerzeit vermieden werden. Bayern und die süd=
deutschen Staaten haben in den früheren Perioden des Zollvereins der Be=
willigung von Präcipuen, welche Preußen u. A. für Wein beanspruchte, Frank=
furt und später Hannover und Oldenburg (1853, etwas vermindert 1865)
wirklich erhielten, immer sehr eifrig opponirt und sie wohl auch als der
Natur eines Zollvereins widersprechend bezeichnet. Demgemäß haben Preußen
(für Hannover und Frankfurt) und Oldenburg im J. 1867 auch auf die
Präcipuen verzichten müssen. Das ist ein maßgebender Präcedenzfall [1]).

Die Erhebung und Verwaltung der Zölle und Verbrauchssteuern ver=
bleibt auch im Reiche jedem Einzelstaat in seinem Gebiete im bisherigen Um=
fange, unter einer vom Kaiser durch Reichsbeamte auszuübenden Ueberwachung
(Art. 36). In die Reichscasse fließt dann derjenige Ertrag der Zölle und
Abgaben, welcher sich nach Abzug gewisser im Art. 38 der Verfassung speciell
genannter Posten an Steuervergütungen und Ermäßigungen, Rückerstattungen
und Erhebungs= und Verwaltungskosten ergiebt. Diese letzteren Kosten um=
fassen nicht alle vorkommenden (z. B. bei den Zöllen) oder sind als Pausch=
summen in Quoten von der zur Erhebung kommenden Bruttoeinnahme an=
gesetzt (gegenwärtig 15% bei der Branntwein= und Braumalzsteuer und Ueber=
gangsabgabe). So ergiebt sich unter Umständen eine verhältnißmäßig zu hohe
oder zu niedrige Abfuhr von Zoll= und Verbrauchssteuereinnahmen von den
Landescassen an die Reichscasse. Das Plus wäre eine Erhöhung des Matri=
cularbeitrags, das Minus ein Beitrag dieser Steuern zum Landesbudget [2]).

1. Zölle. Von der Zollgesetzgebung, welche dem Reiche aus dem alten
Zollverein, dem Vertrag v. 8. Juli 1867 und der Zollparlamentsperiode
überkommen ist, interessirt uns vom finanziellen Gesichtspuncte hier vornemlich
der Zolltarif. Der im Reiche in Kraft stehende Tarif beruht auf dem
mit dem Zollparlamente für den Zollverein vereinbarten Gesetze v. 17. Mai 1870,
betreffend die Abänderung des Vereinszolltarifs v. 1. Juli 1865, ferner auf
den Gesetzen, betreffend die Erhebung einer Abgabe von Salz v. 12. Oct. 1867,
betreffend den Vereinszolltarif v. 1. Juli 1865 vom 25. Mai 1868 und be=
treffend die Besteuerung des Zuckers v. 26. Juni 1869. Auf Grund dieser

---

[1]) Vgl. Weber, Deutscher Zollverein, 1869. Cap. 18, bes. S. 192 (Prä=
cipuum hier dem Princip eines Zollvereins widersprechend genannt. Weber war
baier. Bevollmächtigter zum Bundesrath des Zollvereins) S. 193 ff., 470.

[2]) Das preuß. Budget f. 1871 führt als Reste der Bundessteuern, welche
der preuß. Staatscasse bleiben, brutto auf: Ein= und Ausgangsabgaben 1,754,000,
Rübenzuckersteuer 274,780, Salzsteuer 37,850, Tabaksteuer 16,970, Branntweinsteuer
und Uebergangsabgabe 1,760,290, Braumalzsteuer u. Uebergangsabgabe 340,580 Thlr.,
im Ganzen 4,184,470 Thlr. von einer Totalsumme von 45,823,660 (incl. Bonifi=
cation), welche für den Bund und Preußen erhoben wird. Ein bedeutender
Theil dieser Einnahme der preuß. Staatscasse geht aber auf Verwaltungskosten der
betreffenden Abgaben wieder darauf.

Gesetze ist vom Bundesrath eine neue Redaction des Vereinszolltarifs festgestellt worden. Dieser neue Tarif, welcher seit 1. Oct. 1870 in Wirksamkeit steht, enthält daher verglichen mit dem Zolltarif vom 1. Juli 1865 die Veränderungen, welche vornemlich in der Periode des Zollparlaments, u. A. insbesondere auch in Folge des Handelsvertrags mit Oesterreich v. 9. März 1868, eingetreten sind.

In dem ursprünglichen Zolltarife des Zollvereins war ein System mäßiger Finanz- und Schutzzölle vereinigt gewesen. Auch die letzteren waren in ihrer Gesammtheit jedoch von nicht unwesentlicher finanzieller Bedeutung. Die als Regel bestehende Zollpflichtigkeit aller Waaren war ebenfalls vornemlich einem finanziellen Interesse entsprungen. Die Fortbildung des Vereinstarifes hing bei der früheren Verfassung des Zollvereins, namentlich in Folge des Veto's, das jedem einzelnen stimmführenden Staate zustand, von vielen Zufälligkeiten ab und war bis zu dem Handelsvertrage mit Frankreich von 1862/64 keine rationelle und keine sehr bedeutende, weder vom finanziellen noch vom handelspolitischen Gesichtspuncte aus. Einige Schutzzölle kamen in den 40er und im Beginn der 50er Jahre hinzu oder wurden erhöht, Zölle auf Rohstoffe und Nahrungsmittel ermäßigt, ebenso auch unnöthiger Weise eigentliche Finanzzölle auf die an und für sich steuerfähigsten Verzehrungsgegenstände, wie gewisse Colonialwaaren. Namentlich wurde als Concession, mit welcher der Anschluß des hannoverisch-oldenburgischen Steuervereins an den Zollverein von Preußen erkauft werden mußte, der Kaffeezoll, der ergiebigste Finanzzoll Deutschlands, von $6^{1}/_{2}$ auf 5 Thl. herabgesetzt (1853). Die Entwicklung der Rübenzuckerindustrie, welche lange einen erst allmälig durch Steigerung der Rübensteuer sich ermäßigenden Schutzzoll gegenüber dem indischen Rohrzucker genoß, schmälerte die Zolleinnahme aus dem neben dem Kaffeezoll wichtigsten Finanzzoll auf Zucker im Laufe der 40er und 50er Jahre immer mehr. Die Rübensteuer gewährte erst nach und nach einen größeren, aber doch keinen ausreichenden Ersatz für diesen Ausfall [1]). Nur in den periodischen Krisen, zu welchen die Erneuerung der bloß auf Zeit abgeschlossenen Zollvereinsverträge führte (1841, besonders 1852/53), ließen sich etwas erheb-

---

[1]) Die Rübenzuckergewinnung nahm etwa von 1837 an einen stärkeren Aufschwung und wuchs seitdem mit seltenen Unterbrechungen jährlich. 1841, 1. Sept. begann die Besteuerung mit bloß $^1/_2$ Sgr. pro Centner Rüben. 1838—40 war der Zuckerzollertrag pro Kopf $6_{,2616}$ Sgr. gewesen. Dieser Betrag sollte nach Beschlüssen von 1843 durch Zoll und Rübensteuer fernerhin erzielt werden, was indessen Ende der 40er Jahre nicht mehr geschah (pro Kopf 1847/49 $6_{,0762}$ Sgr.). 1845 gab der Zoll noch $7_{,08}$ Mill. Thl., die Rübensteuer $0_{,195}$, im Ganzen (abzügl. Exportbonification) $6_{,82}$ Mill. Thl. Letztere Summe sank bis 1851 (Minimum der ganzen Zeit) auf $4_{,63}$ Mill. Thl. oder pro Kopf auf c. $4_{,6}$ Sgr., obgleich die Rübensteuer in Folge höheren Satzes und größerer Produktion bereits $1_{,48}$ Mill. Thl. lieferte. Seitdem ist die Einnahme aus der Zuckerbesteuerung fortwährend gewachsen, wesentlich in Folge Zunahme des Rübenzuckersteuerertrags. Von 1853 wurde der frühere Ertrag pro Kopf erreicht und seitdem meist überschritten, 1869 und 70 war er fast 10 Sgr. Bedenkt man aber, daß der Zuckerconsum 1838/42 $4_{,78}$, 1868—70 $10_{,59}$ Pfund pro Kopf war, so ergiebt sich ein starkes Zurückbleiben des Steuerertrags von Zucker. S. Viebahn, Stat. Deutschl. I., 246. Weber, Zollverein S. 413 ff., Hirth, Ann. IV. 574.

lichere Reformen im Zollwesen und im Tarif von Preußen erzwingen. Dies vertrat im Großen und Ganzen mehr den freihändlerischen Gesichtspunct in Betreff der Zölle auf Fabricate und Halbfabricate und den finanziellen Gesichtspunct in Betreff der Finanzzölle dem Particularinteresse (z. B. Würtembergs) oder selbst bloß dem Eigenwillen anderer Staaten (z. B. Braunschweigs, Churhessens) gegenüber.

Bei der letzten Erneuerung der Verträge im J. 1864 gelang es auf diese Weise Preußen, die bedeutsame Tarifreform, welche in Folge des mit Frankreich abgeschlossenen Handelsvertrags eintreten mußte, durchzusetzen. Durch Wegfall vieler Zölle von unerheblicher Bedeutung trat damals eine wesentliche Vereinfachung, durch starke Herabsetzung der Zölle auf Fabricate und Halbfabricate eine starke Ermäßigung des Zolltarifs ein. Letzterer wurde dadurch seines protectionistischen Characters großentheils, wenn auch nicht ganz entkleidet. Aber auch ein so wichtiger Finanzzoll, wie auf Wein, und einige andere minder erhebliche solche Zölle erfuhren beträchtliche Ermäßigungen. So konnte im Ganzen der neue Tarif v. 1. Juli 1865 als einer der liberalsten und einfachsten in ganz Europa gelten.

Das Finanzinteresse ist in ihm indessen hinsichtlich der Höhe der Finanzzölle auf diejenigen Artikel, welche am Passendsten einer Verbrauchssteuer in Form eines Einfuhrzolls unterzogen werden, vielleicht schon etwas zu sehr zurückgetreten. Nicht, daß damit Finanzzölle an und für sich als die besten Steuern oder ein hoher Betrag des Zollsatzes als am Ergiebigsten für die Staatscasse bezeichnet werden sollen; aber innerhalb des einmal bei uns wie fast in allen Culturstaaten bestehenden gemischten Steuersystems, in welchem die Verbrauchssteuern auf einzelne stark verbreitete, jedoch zur Categorie der Luxusconsumtibilien zu zählende Artikel einen Hauptposten bilden, erscheint es kaum richtig, den Zollsatz so mäßig zu greifen, wie dies im deutschen Zolltarif mehrfach geschieht. Die wichtigsten und passendsten Finanzzölle sind in der Periode bis 1866 herabgesetzt worden und erreichen einen niedrigeren Betrag als in den Zolltarifen der andern Großstaaten. So ist seit 1850 Kaffee von $6^1/_2$ auf 5, Thee von 11 auf 8, Zucker, roh, von 5 auf 4, Raffinade von 11 auf 5, (der frühere Satz enthielt einen starken Schutzzoll), Syrup von 3 auf $2^1/_2$, Rohtabak von $5^1/_2$ auf 4, Wein von 8 auf 4, Franzbranntwein von 16 auf 6, Oel in Flaschen von 8 auf $5/_6$, Reis (am meisten zu billigen) von 3 und 2 auf 1 Thl. reducirt worden [1]). Bei dem starken Schwanken, der oftmaligen, lange andauernden Steigerung der Preise mancher solcher Artikel z. B. des Kaffees, ist ein finanzieller Nutzen einer derartigen Zollermäßigung in der Regel nicht zu erwarten, weil die Reduction Einfuhr und Consumtion wenig steigern wird [2]). Hier hat sich auch in dieser An=

---

[1]) Motive z. Tarifreform von 1870, bei Hirth, Ann. III. 347.

[2]) S. ebendas. die Uebersicht über den Preis, Verbrauch und Steuerertrag von Kaffee im Zollverein, Hirth III. 351. Der Consum sinkt bei einer mehrjährigen Preiserhöhung des verzollten Kaffees um 25—40% (Anf. der 50er bis erste Hälfte der 60er Jahre) kaum merklich. 5 Thl. Zoll beträgt von niedrigen Hamburger Engros=Durchschnittspreisen fast 33, von hohen 20—25%. Eine Erhöhung oder Ermäßigung des Zolls um 1—2 Thl. beträgt vom Preise unverzollten Kaffees nur 6—10% und ist für den Consum von sehr geringer Bedeutung.

gelegenheit wieder bei uns oft zu viel Neigung gezeigt, relativ wahre Sätze vom günstigen Einfluß der Steuerermäßigungen auf den Ertrag der Verbrauchssteuern zu sehr zu verallgemeinern. Solche Schlüsse sollen dann etwa durch die Erfahrungen Englands mit der Finanzzollreform gestützt werden. Dabei wird jedoch vergessen, daß die englischen Zollreductionen viel bedeutender waren und sein konnten, weil die Zölle dort vielfach ganz übermäßig hoch gewesen sind. Ferner machte sich der Einfluß der Zollermäßigungen in England bei wichtigen Finanzzöllen deshalb so stark geltend, weil zugleich die bisherigen Differentialschutzzölle für die Producte der eignen Colonieen und damit die hohen Monopolpreise von Zucker ꝛc. auf dem britischen Markt fielen. Die auch früher nur mäßigen Finanzzölle Deutschlands ließen bei immer noch weiterer Reduction nicht auf so stark steigende Erträge rechnen, wie letztere in England vielfach eingetreten sind, (auch mit bemerkenswerthen Ausnahmen, z. B. bei Kaffee).

Neben der Beseitigung und Ermäßigung vieler Einfuhrzölle, worunter der Zollertrag mehr oder weniger litt, ist durch die aus triftigen volkswirthschaftlichen Gründen erfolgte Aufhebung der Durchfuhr- und fast aller Ausfuhrzölle ebenfalls die Einnahme des Vereins vermindert worden[1]). Im Ganzen hat der Ertrag pro Kopf aus allen Zöllen und mit Inbegriff der Rübensteuer die hohen Sätze aus der Mitte der 40er Jahre (1843—47 Brutto 28 Sgr. 5 Pf., Netto c. 26 Sgr.) kaum wieder erreicht und nur ausnahmsweise ein wenig überschritten (1862—64 Netto $26{,}_{74}$ Sgr.).

Durch die Ereignisse von 1866 und die daraus hervorgegangene Erneuerung der Zollvereinsverträge von 1870 hat der Zolltarif unmittelbar keine eingreifenden Aenderungen erfahren, abgesehen von der Einführung des Zolls auf Salz, das des Monopols wegen bisher zu importiren verboten war, (s. u.). Dagegen hat der Handelsvertrag mit Oesterreich v. 9. März 1868 neben der weiteren Ermäßigung einiger für die Finanzen nicht unwichtiger Schutzzölle (auf Eisen, roh und verarbeitet, Handschuh- und anderes Leder, feine Lederwaaren u. dgl. m.) und der Zölle auf manche landwirthschaftliche Producte (Vieh, Hopfen) namentlich die wichtige Reduction des Weinzolls von 4 auf 2 Thl. 20 Sgr. gebracht. Nach der Clausel von der Behandlung auf dem Fuße der meist begünstigten Nation in den neueren Handelsverträgen, wonach alle solche Concessionen zu Gunsten des Handels des einen Staats ohne Weiteres dem Handel der andern Staaten, mit welchen solche Verträge bestehen, zu Gute kommen, profitirte von dieser Weinzollreduction im Zollverein namentlich auch Frankreich. Die Ermäßigung wurde auch nicht allein aus Rücksicht auf Oesterreich gewährt, sondern bildete ein Zugeständniß, in Folge dessen Frankreich in die Auflösung seines im Jahre 1865 abgeschlossenen Handelsvertrags mit Mecklenburg willigte. Dieser traurige Vertrag — hoffentlich das letzte Beispiel eines derartigen antideutschen Vorgehens eines Particularstaats, wie es ähnlich ehemals in den dreißiger Jahren der berüchtigte

---

[1]) Aufhebung der Durchfuhrzölle im Zollverein seit 1861, Ertrag im letzten Jahre 1860 409,000, Maximum 1844 755,000 Thl. Die Ausfuhrzölle sind bis auf den Lumpenzoll jetzt alle beseitigt; Einnahme 1864 noch 163,000, in den 40er Jahren fast ½ Mill. Thl. im Durchschnitt.

englisch-frankfurter Handelsvertrag gewesen — war ein Hinderniß für den Anschluß Mecklenburgs an den Zollverein, das erst auf diese Weise beseitigt werden mußte [1]).

In der kurzen Zollparlamentsperiode von 1867—70 sind mehr Tarifveränderungen beabsichtigt gewesen, als durchgeführt werden konnten. Die wichtigsten, welche erfolgten, waren das Ergebniß eines parlamentarischen Compromisses, so namentlich die durchaus angemessene Wiedererhöhung des Kaffeezolls von 5 auf $5^5/_6$ Thl., wogegen Reis von 1 auf $^1/_2$ Thl., Roheisen von 5 auf $2^1/_2$ Sgr. pro Centner ermäßigt wurde, was dann wieder die Reduction der Zölle auf verarbeitetes Eisen zur Folge hatte [2]). Einige andere minder wichtige Veränderungen, eine Reihe neuer gänzlicher Zollbefreiungen auf Nahrungs- und Rohstoffe, Ermäßigungen und Befreiungen auf Halbfabricate und grobe Fabricate und die Aufhebung kleiner unergiebiger Zölle zum Behuf der Vereinfachung des Tarifs fanden gleichfalls statt.

Auf diese Weise bezeichnet der Tarif von 1870 verglichen mit demjenigen von 1865 doch in mancher Hinsicht einen weiteren bemerkenswerthen Fortschritt in der Richtung der Vereinfachung des ganzen Tarifsystems, der Befreiung von wichtigen Nahrungsartikeln, Rohstoffen, Halbfabricaten, der Ermäßigung einzelner Zölle auf letztere und auf ordinäre Fabricate, kurz eine weitere Annäherung an den Freihandel und an einen bloßen Finanzzolltarif. Die 1865er Zölle auf eine Anzahl der wichtigsten Fabricate sind indessen unberührt geblieben. Diese Zölle, wie namentlich diejenigen auf Webwaaren, können aber meistens nur noch als mäßige Schutzzölle gelten und haben eher eine gewisse finanzielle Bedeutung, derentwegen ihre weitere Ermäßigung beanstandet werden könnte [3]).

---

[1]) Mecklenburg hatte nemlich noch 1865 einen Handelsvertrag mit Frankreich geschlossen, durch den es verpflichtet war, keinen Tarifsatz über $7^1/_2$ fr. und für Weine über 6 fr. 65 c. p. 100 Kil. zu erhöhen. Deutlichste Absicht, so den Zwang in den Zollverein zu treten, zu vermeiden!! Weber, S. 464.

[2]) Vgl. die allgemeinen Motive der Tarifvorlage des Bundesraths. — Ferner Hirth, Annalen III. 357. Bericht der nationalliber. Partei ebendas. III. 608 ff. Namentlich war die Einführung eines neuen Zolls auf Petroleum von der Regierung verlangt worden.

[3]) Im Tarif vom 1. Oct. 1870, theilweise indessen schon in demjenigen von 1868 in Folge des österr. Handelsvertrags, sind gegenüber demjenigen vom 1. Juli 1865 befreit namentlich: Roh- und Hilfsstoffe und Halbfabricate der ersten Verarbeitungsstufen: Baumwollwatte (bisher pro Centn. 1 Thl. 15 Sgr.), Bleiglätte ꝛc. ($7^1/_2$ Sgr.), gewalztes Blei ꝛc. (15 Sgr.), Glasmasse (15 Sgr.), Felle zur Pelzwerkbereitung (20 Sgr.), Holz in Fournieren ꝛc. (15 Sgr.), Kautschukfäden (15 Sgr.), Steinkohlen ($^1/_2$ Sgr.), ungefärbte Strohmatten (5 Sgr.), Blasen und Därme ꝛc. (15 Sgr.), Zinkbleche (15 Sgr.), Zinn, gewalztes (15 Sgr.). Nahrungsmittel und überh. Thiere und landwirthschaftliche Producte: Getreide ($^1/_2$ Sgr. pro Sch.), Obst, Sämereien ꝛc. (15 Sgr.), Mühlenfabricate (15 Sgr.), Cichorien (20 Sgr.), Rindvieh, Schaafe, Ziegen ꝛc. Pferde, Maulesel, Esel, (bisher div. Sätze für die einzeln Arten, p. Stück 2 Thl. 15 bis 5 Sgr.). Andere Halbfabricate und Fabricate: grobe Blei-, Zink-, Zinnwaaren (bisher 1 Thl.), grobe Bürstenbinderwaaren (2 Thl.), grünes Hohlglas (5 Sgr.), Leinen-Handgespinnst (15 Sgr.), graues Löschpapier (15 Sgr.), fertiges Pelzwerk (6 Thl.), Schießpulver (2 Thl.), Maschinen-Walzen (20 und 15 Sgr.), hölzerne Schiffe (5% v. Werth), getragene Leibwäsche, nicht zum Verkauf (15 Sgr.). Ferner

Die handelspolitischen und finanziellen Erfolge der Tarifreform von 1865—70 lassen sich bei der Kürze der verflossenen Zeit, namentlich aber wegen der Einwirkung der abnormen Zeitumstände nicht mit voller Sicherheit feststellen. Die kriegerischen Ereignisse von 1866 und 1870, die gespannte politische Lage in der Zwischenzeit lähmten den Verkehr mannigfach. Durch den in diese Periode fallenden Zollanschluß von Schleswig-Holstein, beiden Mecklenburg, Lauenburg, Lübeck und Hamburgischen Gebietstheile wurde die Einfuhr, gerade der wichtigsten Finanzzollartikel öfters gestört. Die Einfuhr- und Zollertragslisten enthalten daher keine ganz reinen Ergebnisse. Letztere lassen sich aus der vorgekommenen Nachversteuerung in den dem Zollverein neu hinzutretenden Gebieten[1]) ebenfalls nicht vollständig ergänzen. Auch die Zollveränderungen für Kaffee, für französischen Wein (in Folge des Kriegs wieder von $2^2/_3$ auf 4 Thl. erhöht, während dessen Dauer) haben den Gang der Einfuhr unregelmäßig gemacht. Im Ganzen scheint sich indessen doch zu ergeben, daß die Tarifreform nur vorübergehend die Einnahmen herabgedrückt hat, mehrfach stärkere Einfuhren durch sie hervorgerufen sind und unter normalen politischen und volkswirthschaftlichen Verhältnissen für jetzt wenigstens wieder dieselbe Einnahme pro Kopf erwartet werden kann, wie in der ersten Hälfte der 50er Jahre. Dies Ergebniß ist allerdings finanziell nicht übermäßig günstig, zumal es theilweise dem stärkeren Colonialwaarenconsum der neu beigetretenen norddeutschen Gebiete zu verdanken ist. Verglichen mit den finanziellen Resultaten des Zollvereins in den 40er Jahren erscheint die jetzige Zoll- und Zuckersteuereinnahme bei dem außerordentlichen volkswirthschaftlichen

---

sind ermäßigt worden Halb- und Ganzfabricate: Roheisen von $7^1/_2$ auf $2^1/_2$ Sgr. pro Ctn., diverse Arten verarbeitetes Eisen von 25 auf $17^1/_2$ Sgr., 1 Thl. 5 Sgr. auf 25 Sgr., 1 Thl. $22^1/_2$ Sgr. auf 1 Thl. 5 Sgr., grobe Eisenwaaren von 1 Thl. 10 Sgr. und 2 Thl. 20 Sgr. allgemein auf 1 Thl. 10 Sgr., Drahtgewebe aus Kupfer von 3 Thl. auf $2^2/_3$ Thl., gepreßtes Glas ꝛc. von 4 Thl. auf $2^2/_3$ Thl., farbiges Glas ꝛc. von 6 Thl. auf 4 Thl., musikalische Instrumente von 4 auf 2 Thl., lackirte ꝛc. Kautschukwaaren von 10 auf 7 Thl., Gewebe mit Kautschuk von 25 auf 15 Thl., gew. Handschuhleder von 8 auf 5 Thl., feine Lederwaaren von 10 auf 7 Thl., Leinengarn, Maschinengespinnst von 2 Thl. auf 15 Sgr., gebleichtes ꝛc. Leinengarn von 3 auf $1^1/_2$ Thl., Leinenbänder ꝛc. von 20 auf 10 Thl., ungeleimtes ordin. Papier von 1 Thl. auf 20 Sgr., anderes z. Th. von 1 Thl. 10 Sgr. auf 1 Thl., einfarb. Thonwaaren, weißes Porzellan von 1 Thl. $22^1/_2$ Sgr. auf 1 Thl. 20 Sgr. Außerdem haben noch einzelne Tarifpositionen Aenderungen erfahren, wodurch Ermäßigungen eintraten. Von Nahrungsmitteln sind endlich reducirt worden: Hopfen von $2^1/_2$ auf $1^2/_3$ Thl., Hefe von 11 auf 7 Thl., Wein von 4 auf $2^2/_3$ Thl., Butter von $3^2/_3$ auf $1^1/_3$ Thl., Cacao von $6^1/_2$ auf 5 Thl. 25 Sgr. (Gleichstellung mit Kaffee, Schalen auf 2 Thl.), Käse von $3^2/_3$ auf $1^2/_3$ Thl., gewisse Confituren von 7 auf 5 Thl., Kraftmehl, Sago ꝛc. von 2 auf $^1/_2$ Thl., Reis von 1 und $^2/_3$ auf $^1/_2$ Thl., raffin. Zucker von $7^1/_2$ auf 5 Thl., Rohzucker von 6 und $4^1/_4$ Thl. (letzterer Satz für Siedereien) auf 5 und 4 Thl. (nach Qual.-Unterschied), Spanferkel von 5 auf 3 Sgr. Neben dem Allen bloß die Kaffeezollerhöhung — doch wahrlich keine fiscalische Zollpolitik!

[1]) Die Nachsteuer auf gewisse zollpflichtige Artikel in den 1868 und 1869 angeschlossenen Gebieten ergab bis Anf. 1871: 1,245,426 Thlr. Netto, wovon 809,277 den betreffenden Landesregierungen, 436,150 Thl. dem Zollverein zur Theilung zukam. Hirth, Ann. IV, 548.

Aufschwung, der seitdem eingetreten ist, verhältnißmäßig sogar zurückgeblieben und überhaupt recht niedrig. Der Nettoertrag der Zölle (excl. Salzzoll) und Rübensteuer ergab für 1865 $26_{,30}$, 1866 $23_{,14}$, 1867 $25_{,49}$, 1868 $25_{,47}$, 1869 $25_{,60}$, Sgr. pro Kopf, Beträge, welche ein Vierteljahrhundert früher schon erreicht und beinahe überschritten waren. Dieser Stillstand der genannten Einnahmen ist freilich zum Theil Folge der liberalen Tarifpolitik und daher volkswirthschaftlich eher erfreulich. Vom finanziellen Standpuncte aus wird man jedoch so lange darüber Bedenken hegen, als wegen dieses Stillstandes der Zolleinnahme andere, volkswirthschaftlich viel ungünstiger zu beurtheilende Steuern, wie namentlich die Salzsteuer, um so schwerer entbehrt werden können. Aus dem Allen möchte sich als Aufgabe für das Reich ergeben, die weitere Entwicklung des Zolltarifs und der mit ihm unmittelbar verbundenen inneren Verbrauchssteuern (Zucker, Tabak) mehr in die Bahnen des Finanzzollsystems zu lenken, als bisher geschehen ist, unter gleichzeitiger Festhaltung der Freihandelsgrundsätze. Dann können die Salzsteuer und womöglich die Matricularbeiträge der Einzelstaaten aufgehoben oder doch vermindert werden. Jene Aufgabe ist um so wichtiger, so lange andere, namentlich directe Reichssteuern fehlen, deren Einführung auch manche Schwierigkeiten macht.

Die eigentliche Finanzzollabtheilung des Tarifs ist die Nummer 25: **Material- und Spezerei-Waaren** ꝛc. Auf den Zollertrag dieser Waaren kamen 1869 $72_{,9}$, 1870 76% der ganzen Zolleinnahme (roh, incl. Salzzoll und Zuckerzoll) oder bez. $70_{,7}$ und $73_{,6}$% nach Abrechnung des Salz- und Zuckerzolls, die beide mit der inneren Verbrauchssteuer auf diese Artikel eng zusammenhängen: also rund gegen drei Viertel der Zolleinnahme, 1869 19,432,000 Thl. (ohne Salz und Zucker 17,205,000) von im Ganzen 26,575,000 (bez. 24,348,000), 1870 21,618,000 Thl. (oder 19,375,000) von im Ganzen 28,556,000 Thl. (bez. 26,313,000 Thl.). Die bedeutendsten Erträge lieferten 1869 und 1870 folgende einzelne Waaren (in 1000en Thl. oder Millionen mit 3 Decimalen):

	1869	1870		1869	1870
Kaffee	8347	10053	Confituren	118	112
Rohtabak	2489	2505	Fabr. Rauchtabak	88	90
Wein	1443	2158	Butter	91	89
Reis	881	935	Fleisch	20	84
Getrockn. Südfrüchte	1126	912	Bier	87	78
Heringe	652	559	Geräuch. ꝛc. Fische	50	38
Gewürze	466	467	Caviar	33	37
Branntwein, Rum ꝛc.	394	398	See-Muscheln u. Schaalthiere	16	13
Cigarren	294	203	Kraftmehl ꝛc.	9	11
Cacao in Bohnen	179	186	Honig	13	10
Frische Südfrüchte	159	154	Zucker und Syrup	552	612
Thee	138	139	Salz	1676	1631
Käse	108	115			

Von andern Verzehrungsgegenständen, deren Zoll im Ganzen als Finanzzoll zu betrachten ist, wären etwa noch zu nennen: Schweine mit 378,000 und 403,000 Thl. Ertrag in 1869 und 70, Spanferkel 1869 13,000 Thl.,

Hopfen 79,000 und 37,000 Thl. Die Zölle auf Rindvieh, 1869 mit 115,000, 1870 mit 96,000 Thl. Ertrag, auf Hammel sind im Tarif von 1870 fortgefallen [1]).

Es ergiebt sich aus dieser Uebersicht, daß zwar auch im deutschen Zollverein der bekannte englische Erfahrungssatz gilt, wonach der größte Theil der Zolleinnahmen auf eine beschränkte Zahl einzelner Finanzzollartikel fällt. Jedoch trifft der Satz, ähnlich wie in Frankreich, Oesterreich, Rußland u. a. L. m., lange nicht in demselben Umfange zu, wie in Großbritannien, nicht erst jetzt bei reinem Finanzzollsystem, sondern schon früher, als der dortige Tarif noch viele Schutzzölle enthielt [2]). Daraus folgt, daß eine so weitgehende Vereinfachung des deutschen Zolltarifs, wie in Großbritannien, mit verhältnißmäßig größeren finanziellen Opfern verbunden wäre und deshalb wohl noch nicht in allernächster Zeit zu erwarten ist, von allen schutzzöllerischen Einwänden abgesehen.

Unter den übrigen zollpflichtigen Artikeln sind für die Finanzen die Fabricate, besonders die **Webwaaren**, dann die **Halbfabricate**, besonders **Garne und Eisen**, ferner **Oel**, also meistens Artikel, deren Zoll noch mit unter den Begriff des Schutzzolls fällt, noch von erheblicherer finanzieller Bedeutung. Die Hauptposten waren in 1000en Thl.:

	1869	1870		1869	1870
Wollwaaren	1267	1506	Leingarn u. Zwirn	217	224
Roheisen	631	658	Maschinen	199	191
Baumwollgarn	678	627	Glas u. Glaswaaren	170	137
Baumwollwaaren	465	411	Leinw. u. Leinwaaren	133	124
Oel in Fäßern	370	337	Kleid., Wäsche, Putz	124	114
Seid- und halbs. Waaren	352	287	Kurze Waaren	97	70
Material-Eisen	352	286	Chem. Fabr.	74	52
Eisenwaaren	317	275	Gefärbte Seide etc.	14	16
Wollgarn	263	248			

oder in Gruppen: die 4 Webwaarengattungen zusammen 2,217,000 und 2,328,000 Thl. in 1869 und 1870 oder $8{,}31$ und $8{,}19\%$ der ganzen Zolleinnahme; die Garne etc. 1,172,000 und 1,114,000 Thl. oder $4{,}40$ und $3{,}92\%$; Roheisen und verarbeitetes Eisen nebst Eisenwaaren 1,300,000 und 1,220,000 Thl. oder $4{,}88$ und $4{,}29\%$. Auf diese drei Gruppen kamen also noch 4,689,000 und 4,662,000 Thl. oder $17{,}59$ und $16{,}40\%$. Letztere Quoten erhöhen sich durch Einrechnung der sonstigen Fabricate und Halbfabricate noch um einige Procent. Es kommt somit etwa der fünfte Theil

---

[1]) Obige wie die folgenden Daten nach dem Reichsanzeiger bei Hirth, Ann. IV, 570.

[2]) Bocke, Gesch. d. Steuern d. brit. Reichs, 1866, S. 312 ff., A. Wagner, Art. Zölle im Staatswörterb. XI., 361 ff. Die 9 wichtigsten Finanzzölle, Zucker incl. innere Steuer, Kaffee, Thee, Gewürze, trockne Südfrüchte, Reis, Wein, Spirituosen, Tabak und Tabakfabricate brachten 1864 ein in Großbritannien $94{,}6$, Zollverein $72{,}2$, Frankreich $70{,}1$, Oesterreich $55{,}8$ (in beiden letztern wegen des Monopols excl. Tabak), Rußland 1866 $48{,}1\%$ der ganzen bezügl. Einnahme.

der Zolleinnahme aus Zöllen, welche mehr oder weniger zu den Schutzzöllen zu rechnen sind.

Trotz dieses für die Finanzen ins Gewicht fallenden Umstands wird die Tarifpolitik in Betreff dieser Zölle, die seit 1864 eingeschlagene Bahn nicht wieder verlassen dürfen. Das Finanzinteresse mag nur, neben dem immer noch nicht ganz einflußlosen schutzzöllnerischen, eine Verzögerung in der weiteren Annäherung zum Freihandel bewirken. Selbst dies ist nicht wünschenswerth und nicht unbedingt nöthig, wenn nur durch passende Reform der Finanzzölle und Verbrauchssteuern ein genügender Ersatz für den etwaigen Ausfall an den bisherigen Einnahmen aus Schutzzöllen geschafft wird. Von letzteren werden die Leinengarnzölle, ferner die Roheisenzölle bald fallen, die noch verbleibenden Baumwoll- und Wollgarnzölle und die Zölle auf Materialeisen weiter ermäßigt werden müssen. Etwas kann durch letztere Maßregel der Ertrag steigen, aber schwerlich wird er den ganzen, neu eintretenden Ausfall decken. Die Zölle auf Webwaaren sind für die feinen und mittleren Sorten schon jetzt so niedrig, daß sie kaum mehr den Character von Schutzzöllen besitzen. Eben deswegen eilt ihre Aufhebung oder Ermäßigung nicht so sehr. Erfolgt letztere dennoch, wie nun einmal in der Richtung der Zeit liegt, so wird eine Vergrößerung der Einfuhr, gerade weil schon der jetzige Zoll die Einfuhr nicht hemmt, aus der Verminderung des Zolls schwerlich hervorgehen. Bei groben und ordinären Webwaaren kommt auch der heutige Zollsatz unseres so wenig specificirenden Tarifsystems noch als Schutzzoll mehr in Betracht. Die kaum ausbleibende weitere Reduction des Zolls wird hier daher eher die Einfuhr, mithin die Einnahme steigern oder doch eine Ausgleichung des Ausfalls bewirken. Auch die übrigen Zölle auf Halbfabricate und Fabricate gehen im volkswirthschaftlichen Interesse wohl eher einer Verminderung entgegen, welche sich finanziell nicht immer bezahlt machen möchte. Aber sie fallen alle zusammen für die Finanzen nicht schwer ins Gewicht. Wenn man vorläufig im Ganzen einen definitiven Einnahmeverlust von 1—2 Mill. Thl. durch weitere Vereinfachung des Tarifs, namentlich durch Beseitigung oder Ermäßigung von Zöllen auf Halb- und Ganzfabricate, für die muthmaßlichen freihändlerischen Tarifreformen der nächsten Jahre annimmt, so wird diese Schätzung hoch genug gegriffen sein.

Um so mehr muß dann auch aus diesem Grunde, wenn nicht die französischen Contributionszahlungen für die Finanzen des Reichs und der Einzelstaaten alle solche Einnahmen oder wenigstens Einnahmesteigerungen vollständig entbehrlich machen, auf eine passende Reform der eigentlichen Finanzzölle in der Richtung einer Erhöhung der Einnahmen hingearbeitet werden.

Die Grundzüge einer solchen Reform, welche hier nicht näher zu entwickeln ist, wären etwa die folgenden[1]). Weitere Vereinfachung des Tarifs,

---

[1]) Etwas eingehender habe ich schon vor einigen Jahren in dem Artikel Zölle im Staatswörterb. XI., 373 ff. eine solche Reform dargelegt. Das damals Gesagte kann wohl noch jetzt aufrecht erhalten bleiben. Mehrere dort geäußerte Wünsche sind durch die 1870er Zollreform bereits erfüllt worden (Erhöhung des Kaffeezolls, Ermäßigung des Reiszolls, Ausgleichung der Zuckerzölle und Steuern).

theils durch Beseitigung kleiner unergiebiger Finanzzölle, theils durch Vereinigung verwandter Artikel in eine einzige mit demselben Zollsatz belegte Tarifposition, wodurch die Zollmanipulationen, Controlen vereinfacht, die Verwaltungskosten vermindert werden können; Aufhebung oder Ermäßigung der wenigen Zölle, welche noch wichtige Lebensmittel (z. B. Heringe, Butter, Reis, Schweine) treffen; Ermäßigung derjenigen Zollsätze, welche verbreitete Luxusconsumptibilien der unteren Volksclassen noch zu hoch besteuern (z. B. Pfeffer, ordinäre Gewürze); Erhöhung der Zölle für Luxusconsumptibilien der wohlhabenden Classen auf einen Satz von etwa 50% des Werths, welcher jetzt selten erreicht wird (z. B. Cacao, trockne Südfrüchte, feinere Gewürze, auch der jetzt ganz zwecklos niedrig besteuerte Thee, für den der Zoll von 8 Thl. nur etwa 15% vom Werth beträgt). Durch diese Tarifveränderungen würde eine gerechtere, mehr dem Einkommensteuerprincip entsprechende Besteuerung mittelst Einfuhrzöllen bewerkstelligt und durch die vorgeschlagene Combination zwischen Beseitigungen und Ermäßigungen einer- und Erhöhungen von Zöllen andrerseits der mit den ersteren Maßregeln verbundene Ausfall theilweise ausgeglichen werden.

Ferner hinsichtlich der wichtigsten Finanzzollartikel: möglichst baldige und bedeutende Ermäßigung, wenn nicht lieber gleich vollständige Aufhebung der Salzsteuer (s. u.), der in jeder Beziehung bedenklichsten deutschen Steuer und Ersatz für den hieraus sich ergebenden erheblichen Ausfall in solchen Zöllen und inneren Verbrauchssteuern, welche verbreitete, aber immer doch weniger wichtige Massenconsumptibilien treffen. Auch aus diesem, also aus einem finanziellen Grunde, wie außerdem aus volkswirthschaftlichen, principielle Gleichstellung des Einfuhrzolls auf fremde und der inneren Verbrauchssteuer (Accise) auf die gleichen heimischen Artikel, weil die differentielle Begünstigung der letzteren den Finanzzoll auf den fremden Artikel theilweise zu einem Schutzzoll werden läßt, und das Finanzinteresse sehr beeinträchtigt (Zucker!). Demgemäß möglichst baldige Herbeiführung dieser vollen Gleichstellung, wo keine erheblichen volkswirthschaftlichen Bedenken mehr entgegen stehen, daher bei Zucker. Ferner einstweilige Annäherung an die Gleichstellung bei Tabak, Spiritus, Branntwein ꝛc. Für Wein wäre zwar im Princip dieselbe Forderung zu stellen, also eine innere Besteuerung des heimischen Weins zu verlangen, welche jetzt im größten Theil von Deutschland beseitigt ist. Mit Rücksicht auf die geringe Menge und zum Theil hohe Güte des deutschen Weins ist indessen wohl von einer solchen Forderung abzusehen, da der Weinzoll kaum als Schutzzoll wirkt. Vielleicht bedingt die elsässische Weinproduction in dieser Hinsicht Aenderungen.

Die Gleichstellung des Zuckerzolls und der Rübenzuckersteuer kann muthmaßlich auch im finanziellen Interesse, ebenso wie im volkswirthschaftlichen, durch eine entsprechende Ermäßigung der beiderseitigen Sätze erreicht werden, (etwa auf 3—3½ Thl. pro Centner Rohzucker), wenn nicht sofort, so in einiger Zeit. Denn der bisherige Zoll- und Steuersatz ist im Verhältnisse zum Werthe recht hoch (45—55% vom Werthe). Dies widerspricht dem Grundsatze gleichmäßiger Besteuerung, der auch im Zoll- und Verbrauchssteuersystem möglichst zu befolgen ist. Eine Ermäßigung des Satzes wird aber bei diesem Artikel eben wegen der bisherigen Höhe der Steuer die Aussicht auf steigenden Consum und höheren Ertrag für die Finanzen eröffnen. Bei Tabak und Spiritus müßten die inneren Steuern und die Zölle erhöht werden, erstere aber womöglich in erheblich stärkerem Maße (s. u.). Doch auch die Zölle, besonders für Rohtabak, sind ganz ungebührlich niedrig, verglichen mit den Zöllen anderer Verbrauchsartikel im deutschen Tarif, mit der Rangstufe dieser Gegenstände unter den Bedürfnißbefriedigungsmitteln und mit den gleichen Zöllen oder Abgaben der anderen Culturländer, mindestens wenn man bedenkt, daß wegen des niedrigen Ertrags vom Tabak andere, viel schlimmere Steuern, wie die Salzsteuer, in den Kauf genommen werden müssen.

Der jetzige niedrige Weinzoll von 2 Thl. 20 Sgr. entspricht einer Steuer von c. 30% bei mittleren Weinpreisen und dieser Satz ist wohl richtig. Auch finanziell scheint sich die Reduction bewährt zu haben, so daß eine Wiedererhöhung aus dem Gesichtspuncte des Finanzzollsystems nicht unbedingt geboten erscheint.

Dagegen aber würde der Kaffeezoll noch weiter und zwar wohl auf den alten Satz von $6^{1}/_{2}$ Thl., vielleicht selbst auf 7 Thl. gesteigert werden dürfen. Es beträgt der Satz von $6^{1}/_{2}$ Thl. vom Hamburger Durchschnittswerth aller Sorten Kaffee 1861—65 $29{,}1$, 1866—70 37%, von dem maßgebenden Brasilkaffee $31{,}3$ und $40{,}1$ und vom Javacaffee $25{,}3$ und fast 30%, oder erheblich weniger als die bisherige Zuckersteuer. Auch ist selbst dieser Satz im Ganzen noch niedriger als der Kaffeezoll in den meisten übrigen größeren Ländern. Die früheren Erfahrungen in Betreff des deutschen Kaffeeconsums lassen erwarten, daß eine solche Zollerhöhung den Consum nicht schmälert und sich finanziell vortheilhaft zeigt. Letzteres um so mehr, als der seit 1867 wieder so bedeutend gesunkene Kaffeepreis auch mit einer solchen Zollerhöhung den Preis in der ersten Hälfte der 60er Jahre noch lange nicht erreicht.

Durch eine solche Reform namentlich der Kaffee- und Zuckerzölle und der Zölle auf Luxusconsumptibilien der wohlhabenden Classen werden sich die Ausfälle in Folge der kaum vermeidlichen Aufhebung oder weiteren Ermäßigung der noch bestehenden Schutzzölle und der oben genannten Finanzzölle decken lassen. Der schon bisher gestiegene Consum[1]) wird bald einen Ueberschuß ergeben, welcher für die Reichsfinanzen sehr erwünscht ist, um andere, schlechtere Steuern entbehren zu können. Der Ersatz für die Salzsteuer muß unseres Erachtens hauptsächlich in der Reform der Tabak- und Spiritussteuern gesucht werden, vollständig wird er auch dadurch schwer erreicht (s. u.).

Eine Tarifreform in dieser Richtung scheint uns daher die Aufgabe des Reichs im Laufe der nächsten Jahre zu sein. Die jetzige Verfassung gewährt

---

[1]) Nach Licht's Berechnungen betrug der Consum von Rohzucker (andere Sorten und Syrup darauf reducirt) im Zollverein pro Kopf jährlich 1838—1842 $4{,}78$, 1843—47 $5{,}43$, 1848—52 $6{,}29$, 1853—57 $7{,}01$, 1858—62 $8{,}70$, 1863—67 $9{,}42$, 1868—70 $10{,}59$ Pfund. Hirth, Ann. IV, 575. Der Kaffeeconsum war 1847—52 jährlich $2{,}93$, 1854—58 $3{,}68$, 1859—63 $3{,}91$, 1864—68 $4{,}14$, 1869 $4{,}35$ Pfund. Hirth III. 351. IV. 572.

die Möglichkeit, rasch eine solche Reform durchzuführen, während sich dagegen freilich im alten Zollverein tausenderlei Schwierigkeiten erhoben hätten.

2. **Die inneren Verbrauchssteuern als Reichssteuern.** Diese sind im Vorhergehenden wegen des engen Zusammenhangs mit den Einfuhrzöllen schon mehrfach erwähnt worden. Es bedarf daher jetzt zum Theil nur noch einiger ergänzenden Bemerkungen.

a. **Die Rübenzuckersteuer.** Durch das mit dem Zollparlament vereinbarte Gesetz v. 26. Juni 1869 ist ein wichtiger weiterer Schritt zur allmäligen völligen Gleichstellung des ausländischen und des inländischen Zuckers in der Besteuerung gethan worden. Es wurde nemlich die Steuer für die zur Zuckerbereitung bestimmten rohen Rüben von $7\frac{1}{2}$ auf 8 Sgr., d. h. unter Zugrundelegung der Licht'schen Berechnungen über das Durchschnittsergebniß der Zuckergewinnung (12 Centn. Rüben auf 1 Centn. Rohzucker in 1868—69), auf c. 3 Thl. 6 Sgr. pro Centner Rüben-Rohzucker erhöht [1]). Dagegen ward der Zoll auf fremde Zucker, unter gleichzeitiger Veränderung des Besteuerungsmodus, ermäßigt, und zwar: auf 5 Thl. für raffinirten Zucker aller Art, sowie für Rohzucker, wenn dieser den an gewissen Zollstellen niederzulegenden, nach Anleitung des holländischen Standort Nr. 19 und darüber zu bestimmenden Mustern entspricht; früher hatte Brod- und Hut-, Candis-, Bruch- oder Lumpenzucker und weißer gestoßener Zucker 7 Thl. 10 Sgr. gezahlt. Ferner wurde Rohzucker, so weit er nicht unter die vorige Kategorie fällt, auf 4 Thl. pro Centn. ermäßigt, während die hiermit zu vergleichende Gattung „Rohzucker für inländische Siedereien zum Raffiniren unter besonders vorzuschreibenden Bedingungen und Controlen" bisher $4\frac{1}{4}$ Thl. einrichtet hatte. Syrup blieb auf $2\frac{1}{2}$ Thl. stehen. Zuckerauflösungen, welche indessen als solche bei der Revision bestimmt erkannt werden, unterliegen nach dem Gesetz von 1869 dem Zoll von 4 Thl. Die Regierung hatte statt der genannten Sätze von 5 und 4 Thl. solche von $4\frac{3}{4}$ und $3\frac{3}{4}$ Thl. vorgeschlagen, wodurch, wohl auch im Finanzinteresse, die Schutzzolldifferenz für den Rübenzucker noch mehr ermäßigt worden wäre. Immerhin ist diese Differenz durch das Gesetz von 1869 nicht unerheblich vermindert worden und zwar unter Annahme von 12 Centn. Rüben auf 1 Centn. Rohzucker wohl von etwa $1\frac{1}{4}$ Thl. auf $\frac{4}{5}$ Thl. oder um c. $13\frac{1}{2}$ Sgr. Die genaue Berechnung ist schwierig, weil manche z. Th. variable Factoren dabei mitspielen, auch schwankt das Verhältniß etwas nach der Rübenqualität der Ernte. Beim Ver-

---

[1]) Die Rübensteuer war 1841 pro Centner roher Rüben $\frac{1}{2}$, 1844 $1\frac{1}{2}$, 1850 3, 1853 6, 1858 $7\frac{1}{2}$ Sgr. Anfangs rechnete man 1 Ctr. Rohzucker aus 20 Ctr. Rüben, ein Verhältniß, das schon in den 40er Jahren viel günstiger war und es in Folge technischer Fortschritte immer mehr wurde. $11\frac{1}{2}$—$13\frac{1}{3}$ Ctr., je nach dem Qualitätsausfall in der Ernte, geben die Rübenzuckerfabricanten selbst zu. Die erste Ziffer wird der Wahrheit durchschnittlich wohl am Nächsten kommen und lag den früheren Berechnungen der Exportbonification zu Grunde (f. u.). Der Grundsatz, die Zuckersteuerreform in der Richtung der Beseitigung der Schutzzolldifferenz zwischen indischem und Rübenzucker nicht nur durch Erhöhung der Rübenzuckersteuer, sondern auch durch Herabsetzung der Zuckerzölle herbeizuführen, ist schon in der früheren Zollvereinsgesetzgebung, namentlich in derjenigen von 1861 (Rohzucker für Siedereien von 5 auf $4\frac{1}{4}$ Thl.) befolgt worden.

gleich mit verschiedenen Typen Colonial=Zuckers stellt sich zum Theil eine erheblich höhere bisherige Differenz zu Gunsten des Rübenzuckers heraus. Die neuen Steuer= und Zollsätze sind seit dem 1. Sept. 1869 in Wirksamkeit. Es hat sich nach den seitdem vorliegenden Erfahrungen kein nachtheiliger Einfluß auf die Entwicklung der Rübenzuckerindustrie gezeigt. Die letztere weist im Gegentheil gleich im ersten Jahre der neuen Besteuerung eine größere Production als je früher auf, während die Zuckereinfuhr nur ganz unbedeutend gestiegen ist. Um so mehr wird man auf abermalige weitere Annäherung der Zölle und inneren Steuern bringen dürfen. Der enorme Aufschwung der Rübenzuckerproduction im J. 1871 ist wohl vornemlich auf die Einwirkung des Kriegs zurückzuführen, namentlich auf den Ersatz des Deficits bei den französischen Fabriken.[1]).

Sehr bedeutend ist auch in neuerer Zeit der Export von inländischem Zucker gewachsen. Das Gesetz von 1869 hat diese Ausfuhr durch Gewährung einer höheren Ausfuhrvergütung noch mehr als bisher begünstigt. Denn während die bisherige Exportbonification seit 1865 für Rohzucker und Farin nur 2 Thl. 26 Sgr., für Brot=, Hut= und Candiszucker 3 Thl. 15 Sgr. betragen hatte, was für ersteren Satz die Annahme der Norm von etwa $11\frac{1}{2}$ C. Rüben auf 1 C. Zucker in sich schließt, ist jetzt die Vergütung für Rohzucker von mindestens 88% Polarisation auf 3 Thl. 4 Sgr., statt auf bloß 3 Thl. $1\frac{3}{4}$ Sgr. obigem Productionsverhältniß entsprechend, ferner für gewisse andre Zucker auf 3 Thl. 25 Sgr. und 3 Thl. 18 Sgr. festgesetzt worden. Die Reichscasse hat auf diese Weise nicht unbedeutende Beträge jährlich zurückzuerstatten [2]).

Nach Demjenigen, was wir oben bei den Zöllen äußerten, wird die Gleichstellung zwischen Colonial= und Rübenzucker zunächst durch weitere Verminderung des Zolls für ersteren zu erstreben sein. Erst wenn sich zeigen sollte, daß der hierdurch muthmaßlich eintretende Druck auf die inländischen Zuckerpreise den Consum und damit den Steuerertrag nicht genügend steigere,

---

[1]) Rübenverarbeitung in den ersten 8 Monaten 1868 $12_{,075}$, in den letzten 4 Monaten $31_{,423}$, i. G. $43_{,498}$ Mill. C. Rüben, $11_{,87}$ Mill. Thl. Steuer (Brutto); 1869 dsgl. $18_{,531}$, $33_{,014}$, $51_{,545}$ Mill. C. Rüben, $13_{,44}$ Mill. Thl. Steuer; 1870 dsgl. $18_{,678}$, $33_{,011}$, $51_{,689}$ Mill. C. Rüben, $13_{,78}$ Mill. Thl. Steuer; in den ersten 8 Monaten 1871 sogar $28_{,001}$ Mill. C. Rüben mit $7_{,47}$ Mill. Thl. Steuerertrag, aber freilich sehr starkem Export, s. u. Das Betriebsjahr 1. Sept. 1870—71 steht mit $61_{,012}$ Mill. C. Rübenverarbeitung weit über jedem früheren. Abzüglich der Ausfuhrvergütungen betrug die Einnahme aus Zuckersteuer und Zoll 1845 $6_{,82}$, worunter $0_{,195}$, 1855 $8_{,02}$, worunter $3_{,93}$, 1865 $11_{,94}$, worunter $11_{,02}$, 1870 $13_{,16}$, worunter $13_{,78}$ Mill. Thl. Rübenzuckersteuer, bei letzterer die Exportbonification noch nicht abgezogen. Reiches Material über die Zuckerbesteuerung in Hirth's Ann. IV. 573 I. 303 ff. (Hamburger Denkschrift v. Sötbeer), II. 361 ff., 906 ff., Preuß. Hand.=Arch. 1871 II. 633. Die Einfuhr an Brot= und Hutzucker ꝛc. war 1869 6,106, 1870 29,845, 1. Hälfte 1871 22,489, an Rohzucker und Farin dsgl. 52,675, 49,392, 20,874 Centn. Eb. 638 u. 519.

[2]) Die gezahlten Ausfuhrvergütungen im Zollverein betrugen 1861 $0_{,15}$ Mill. Thl., wovon 8251 auf Rübenzucker, 1862 $0_{,21}$ bez. $0_{,10}$, 1863 $0_{,30}$ bez. $0_{,26}$, 1864 $0_{,38}$ oder $0_{,37}$, 1865 $0_{,39}$ oder $0_{,36}$, 1866 $2_{,27}$ oder $2_{,17}$, 1867 $1_{,94}$ oder $1_{,94}$, 1868 $0_{,24}$ u. $0_{,20}$, 1869 $1_{,31}$ oder $1_{,26}$, 1870 $1_{,23}$ oder $1_{,21}$, 1871 erste 8 Monate sogar $2_{,56}$ Mill. Thl. für ausgeführten Rübenzucker.

wäre neben der Gleichstellung beider Zucker eine weitere mäßige Erhöhung der Rübenzuckersteuer ins Auge zu fassen, um so die Mittel zur Abschaffung anderer schlechterer Zölle und Steuern mit zu beschaffen. Bei dem verhältnißmäßig hohen Satze der jetzigen Rübensteuer verglichen mit dem Werthe des Zuckers, wäre eine solche Eventualität aber immer möglichst zu vermeiden.

b. Die Salzsteuer[1]). Unter den zahlreichen erfreulichen Reformen in der volkswirthschaftlichen Verwaltung und in der Besteuerung, welche wir dem J. 1866, der Gründung des Norddeutschen Bundes und der Erneuerung des Zollvereins auf besserer Grundlage zu verdanken haben, ist keine der unwichtigsten die allgemeine Aufhebung des Salzmonopols in allen deutschen Staaten, wo es bestand, und die Ersetzung desselben durch eine allgemeine, für Rechnung des Zollvereins erhobene Salzsteuer. Im Wesentlichen liegt hier allerdings nur ein Wechsel in der Besteuerungsform vor. Denn das Salzmonopol (wie das Tabakmonopol) ist eben nur eine besondere Form der Erhebung einer Verbrauchssteuer[2]). Aber diese Form ist beim Salze eine unzweckmäßige, verkehrsstörende, unwirthschaftliche, deren Nachtheile nicht, wie z. Th. beim Tabakmonopol, durch die finanziellen Vortheile aufgewogen werden. Die Ungleichmäßigkeit der Einrichtung des Salzmonopols und der — übrigens nicht so sehr verschiedenen und mit Ausnahme des ehemaligen K. Hannover bis 1865 überall sehr bedeutenden — Höhe der Salzsteuer in den einzelnen deutschen Staaten brachte zudem große Störungen in volkswirthschaftlicher und finanzieller Hinsicht mit sich (Uebergangsverbot oder Controle, Schmuggel). Die Einfuhr des Salzes aus dem Auslande über die Zollvereinsgrenze war den Privaten verboten. So war denn die Bestimmung des Art. 35 der norddeutschen Bundesverfassung, wonach der Bund ausschließlich die Gesetzgebung auch über die Besteuerung des Verbrauchs des heimischen Salzes erlangte, ein großer Fortschritt. Die Uebereinkunft der Zollvereinsstaaten v. 8. Mai 1867 über die gemeinsame Besteuerung des in- und ausländischen Salzes, in Folge dessen die Freigebung des Salzverkehrs in ganz Deutschland und die Aufhebung des Einfuhrverbots für Salz vervollständigte diese Maßregel, die dann in dem norddeutschen Bundesgesetz v. 12. Oct. 1867 ihren Abschluß fand. Hiernach ist vom 1. Jan. 1868 an die Salzsteuer für inländisches und der Einfuhrzoll für ausländisches Salz auf den gleichen Satz von 2 Thl. pro Ctr. gesetzt, also die früher erwähnte Forderung einer principiellen Gleichstellung von Zoll und Accise erfüllt worden. Frei von der Steuer ist namentlich das zur Ausfuhr ins Ausland, zu landwirthschaftlichen (Fütterung, Düngung), zu verschiedenen gewerblichen Zwecken ꝛc. bestimmte Salz (§ 20 d. Ges.), wodurch lang gehegte Wünsche erfüllt wurden. Doch muß dieses Salz in einer Reihe dieser Fälle denaturirt, d. h. zum Gebrauch als menschliches Nahrungsmittel unbrauchbar gemacht werden. Der Ertrag floß, wie die Zoll- und Rübensteuereinnahme, in die gemeinschaftliche Casse des Zollvereins, wurde also nach

---

[1]) Reiches Material aus den amtlichen Quellen auch hierüber in Hirth's Ann. bes. Jahrg. 1868, 1871 S. 575. Ferner die Abrechnungen im Preuß. Hand.-Arch.
[2]) Rau-Wagner, Finanzw. I., § 111, 115, 204.

der Kopfzahl auf die Staaten vertheilt. Jetzt geht er ohne Weiteres zur Deckung der Reichsausgaben in die Reichscasse.

Die bisherigen Ergebnisse der Salzsteuerreform wurden wie diejenigen der 1865er Zollreform von den Uebergangsverhältnissen beeinflußt, wonach insbesondere die ersten zwei Jahre 1868 und 69 einiges Anomale zeigen. Die Verschiedenheit der bisherigen Steuersätze in den einzelnen deutschen Staaten und der ungleiche Unterschied dieser alten Sätze zu dem gleichen neuen Satz von 2 Thl. machen es wahrscheinlich, daß die Reform in den verschiedenen Gebieten Deutschlands nicht ganz gleichmäßig gewirkt hat. Seit der Freigebung des Verkehrs mit Salz läßt sich der Consum der einzelnen Staaten aber nicht mehr mit Sicherheit feststellen, so daß z. B. die Daten über die in einem einzelnen Staate erfolgte Salzversteuerung keinen genauen Vergleich mit denjenigen der früheren Monopolzeit gestatten. Bei dem geringen specifischen Werthe, also der schweren Transportirbarkeit des Salzes über weitere Entfernungen und bei dem Vorhandensein genügend starker eigener Production in mehreren der größeren Staaten (excl. Sachsen) möchte man jedoch annehmen, daß die Salzversteuerung einschließlich der Verzollung fremden Salzes im Einzelstaatsgebiete einigermaßen den Consum im letzteren auch jetzt noch veranschaulicht. Es ergäbe sich dann, daß die Consumtion in Preußen vor wie nach der Aufhebung des Monopols fast ganz gleichgeblieben, in Würtemberg, Sachsen, namentlich aber in Bayern und Baden nicht unbedeutend zurückgegangen ist[1]). Aus den mit dem Steuersatz selbst (im früheren Monopolpreis und in der jetzigen Verbrauchssteuer) vorgegangenen Veränderungen möchte diese Erscheinung kaum zu erklären sein. Denn in Preußen sind die neuen Steuersätze gegen die alten am Wenigsten gewichen, nur in Baden erheblicher gestiegen[2]). So muß doch wohl norddeutsches bereits versteuertes Salz mehr nach Süddeutschland gehen oder die für den Consum allein maßgebenden Kleinpreise, — soweit Preise bei einem so unentbehrlichen Artikel entscheiden — müssen sich nach der Aufhebung des Monopols in Folge ungenügender Wirkung der freien Concurrenz erhöht und den Consum vermindert haben. Betrachtet man den Zollverein als Ganzes, so hat sich der Consum von Speisesalz pro Kopf nur sehr unbedeutend verringert[3]). Er ist aber mit noch nicht 16 Pfund ziemlich niedrig, woran die Höhe der Steuer wohl einen wesentlichen Antheil hat. Denn der enorme Satz von 2 Thl. pro C. vertheuert dieses wichtige Lebensmittel ungebührlich und spornt gleichzeitig zum

---

[1]) Versteuert oder verzollt wurde pro Kopf 1869 in Preußen $14_{,81}$ Pfund gegen eine Verkaufsmenge von $14_{,99}$ in 1864—66, in Würtemberg bez. $14_{,98}$ und $16_{,94}$, in Sachsen $9_{,19}$ und $12_{,94}$, in Baiern $16_{,17}$ und $20_{,57}$, in Baden $18_{,86}$ u. $23_{,64}$ Pfund. Hirth, IV. 577. Im J. 1870 war die inländ. Versteuerung verglichen mit 1869 in Preußen $3_{,04}$ Mill. C. gegen $2_{,93}$ in 1869, in Bayern $0_{,77}$ gegen $0_{,766}$, in Würtemberg $0_{,207}$ gegen $0_{,266}$, in Baden $0_{,227}$ gegen $0_{,220}$, in Sachsen $0_{,235}$ gegen $0_{,222}$ Mill. C. Die beiden Jahre zeigen also fast gleiche Ziffern, Preuß. Hand.-Arch. 1871 I, 338.

[2]) Vgl. auch Rau, Finanzw.. 5. Aufl. § 186 Anm.

[3]) Der Absatz von Speisesalz im Zollverein wird berechnet f. 1861—63 auf $5_{,69}$ Mill. C., 1864—66 auf $5_{,80}$, 1868—70 auf $5_{,96}$ Mill. C. (versteuertes und verzolltes Salz) oder pro Kopf in diesen 3 Perioden auf $16_{,41}$, $16_{,16}$, $15_{,61}$ Pfund, Hirth, Ann. IV, 576.

Schmuggel und zur Benutzung ausgewaschenen oder möglichst wieder gereinigten denaturirten Salzes an, wovon sich viele Spuren zeigen sollen.

Damit wird der schwache Punct unserer Salzsteuerreform berührt: es war das Streben der Betheiligten, vornemlich Preußens, die Einnahme aus der Salzbesteuerung nach Aufhebung des Monopols möglichst wenig zu vermindern. Die landwirthschaftlichen und gewerblichen Interessen sollten durch billiges Salz befriedigt werden, aber das zur menschlichen Nahrung dienende Salz nach wie vor einen wesentlichen Theil der Staatseinnahmen liefern. So blieb denn in der Hauptsache der Character der Salzsteuer vor wie nach 1867 derselbe: der einer harten, übermäßig hohen Kopfsteuer, welche mehr noch als andere indirekte Verbrauchsteuern auf unentbehrliche oder sehr wichtige Lebensmittel im wahrsten Sinne eine umgekehrt=progressive Einkommensteuer darstellt, d. h. das kleinere Einkommen mit wachsend höheren Steuersätzen belegt. Denn kaum bei einem anderen Verbrauchssteuer=artikel ist der Consum pro Kopf oder pro Familie so verhältnißmäßig gleich hoch bei den Reichen, Wohlhabenden und Armen als bei Salz. Ja, bei den letzteren ist er wegen der geringen Qualität der Nahrungsmittel mitunter vielleicht selbst höher.

So gebieten die ernstesten Rücksichten auf Gesundheit und Wohl der Bevölkerung und auf die Grundsätze der Gerechtigkeit oder Gleichmäßigkeit der Besteuerung das Finanzinteresse nicht allein in der Salzsteuerfrage entscheiden zu lassen. Freilich bezieht das Deutsche Reich schon nach dem Ertrags=ergebniß der Jahre 1868--70 an 12 Mill. Thl. jährlich oder über $9\frac{1}{3}$ Sgr. pro Kopf aus dieser Steuer[1]). Aber dieselbe vertheuert ein unentbehrliches Lebensmittel nach Großpreisen um 300—600%[2]), trifft die einfachste kleine Arbeiterfamilie von 5 Kopf (2 Erwachsene und 3 Kinder = 4 Erwachsene gerechnet) mit 1 Thl. 7—8 Sgr., die größere leicht mit $1\frac{2}{3}$—$1\frac{4}{5}$ Thl. oder gelegentlich gewiß noch mit fast 1% des Einkommens, und belästigt endlich doch auch in ihrer jetzigen Form den Verkehr und die Salz verbrauchenden Industrien und die Landwirthschaft nicht unbeträchtlich und reizt zur Defraudation an. Denn das richtige Denaturirungsverfahren ist noch eine ungelöste Frage.

Daß die Ermäßigung oder womöglich gleich die Beseitigung der Salzsteuer, wie in Großbritannien erwünscht sei, wird ziemlich allgemein zugestanden. Practische Finanzmänner selbst reden sogar, wenn einmal die Reform in der angedeuteten Richtung erfolgen soll, lieber gleich der vollständigen Aufhebung als der successiven Ermäßigung das Wort, weil im letzteren Falle Controlen ꝛc., der Verwaltungsaufwand doch dieselben bleiben würden. Man wird dem gerne beistimmen, aber es fragt sich eben, ob der volle Ersatz rasch genug

---

[1]) Bruttoeinnahme aus d. Steuer 1868—70 $10,_{20}$, $9,_{90}$, $10,_{35}$, aus dem Zoll $1,_{96}$, $1,_{07}$, $1,_{63}$, zus. abzügl. kleiner Ausgabeposten $12,_{11}$, $11,_{52}$, $11,_{92}$ Mill. Thl. Ergebniß in der ersten Hälfte 1871 Bruttosteuer $4,_{69}$ Mill. Thl. Anschlag im Reichsbudget f. 1872 $10,_{49}$ Mill. Thl. (also ohne Zoll).

[2]) Die Hamburger (Großpreise für Salz (Koch= und Seesalz) nach den Einfuhrbeclarationen waren 1861—65 $0,_{49}$, 1860—70 $0,_{33}$ Thl. pro C. Die Preise der deutschen Salzwerke sind z. Th. nicht unbedeutend höher, aber an 300% erreicht die Steuer oft. S. Rau a. a. O.

und auf einmal in anderen Steuern (Verbrauchssteuern oder direkten Schatzungen) gefunden werden kann, da es mindestens zweifelhaft ist, ob die Einnahme von 12 Mill. Thl. bei günstiger Finanzlage oder wegen entsprechender Verminderung der Ausgaben bald entbehrt werden kann. Die Zollreform bietet dazu nicht die ausreichenden Mittel, auch wenn der Kaffeezoll ausgiebig erhöht wird. Auch die bloße Erhöhung der Tabakzölle und Steuern nach dem bisherigen oder einem ähnlichen Besteuerungsmodus, ferner die Steigerung der Branntweinsteuern gewähren wohl eine ansehnliche Beihilfe, aber schwerlich gleich einen Ersatz von 12 Mill. Thl. Im Tabakmonopol wäre derselbe freilich reichlich zu finden, aber die nunmehrige Einführung eines solchen hat doch erhebliche Bedenken und große praktische, auch finanzielle Schwierigkeiten (s. u.). So bliebe im Uebrigen nur die Aushilfe in direkten Reichssteuern, die uns viel lieber wären als die Salzsteuer. In allen diesen Fällen wird man aber doch wohl mit einer einstweiligen Ermäßigung der Salzsteuer vorlieb nehmen müssen, z. B. auf die Hälfte, oder in zwei periodischen Reductionen auf zwei Drittel und ein Drittel ($1^{1}/_{3}$ und $^{2}/_{3}$ Thl.).

Möchte das neue Deutsche Reich sich bald mit der Salzsteuerreform befassen. Die hohe Salzabgabe ist ein Makel im Einnahmebudget des Reichs und einer der beliebtesten Angriffspuncte der socialistischen Agitation, welcher letzteren man in diesem Falle nicht Unrecht geben kann.

c. Die Tabaksteuer[1]). Auch diese Steuer ist als gemeinschaftliche Abgabe Deutschlands oder des Zollvereins erst ein Product der Zollparlamentsperiode und durch das Gesetz v. 26. Mai 1868 eingeführt worden. Ihre Bedeutung liegt bisher nicht in ihrem Ertrage für den Finanzhaushalt, denn dieser ist bei ihrer sehr niedrigen Höhe ganz unbedeutend. Aber sie bezeichnet einen wichtigen principiellen Fortschritt in dem deutschen Besteuerungswesen. Einmal, weil dadurch abermals eine Particularsteuer zur allgemeinen, also jetzt zur deutschen Reichssteuer erhoben wurde; sodann mehr noch, weil mit ihr ebenso wie früher mit der Rübenzuckersteuer (seit 1841) der erste Schritt zur Besteuerung eines einheimischen Artikels gemacht wurde, der bei der Einfuhr aus dem Auslande einem Finanzzoll unterworfen war. Je bedeutender quantitativ und qualitativ die inländische Tabakgewinnung wurde, desto mehr nahm der Tabakzoll wieder etwas vom Wesen eines Schutzzolls an, wenn auch in diesem Falle wegen der schwierigeren und in gewissem Grade beschränkten Vermehrbarkeit der Production und der bleibenden Inferiorität der Güte im Vergleich mit den americanischen Tabaken immerhin in viel geringerem Maße als bei Zucker. Dieser Gestaltung der Dinge, die wie einst beim Zucker dem Finanzinteresse widerspricht, ist durch die Einführung einer, wenn auch noch so mäßigen inneren Tabaksteuer ein erstes Hinderniß entgegengestellt worden, wie die mannigfachen Gegner der neuen Steuer wohl begriffen haben.

Die weitere Entwicklung ist kaum zweifelhaft: sie wird in der allmäligen Erhöhung der heimischen Steuer bestehen, um damit nach dem richtigen Postulat der Finanzpolitik und der freihändlerischen Wirthschaftspolitik einer Gleichstellung

---

[1]) Materialien aus den amtlichen Quellen bei Hirth, Ann. I. u. IV. 578. Preuß. Hand.-Arch. 1871, II. 612.

zwischen Accise und Zoll wenigstens immer näher zu kommen. Die Schwierigkeiten steuertechnischer Art in dieser Hinsicht sind freilich groß. Die gegenwärtige sehr rohe Besteuerungsform des Gesetzes von 1868 beseitigt dieselben nicht, denn streng auf dieser Grundlage ist wohl nur wenige Schritte in der angedeuteten Richtung vorwärts zu kommen. Jede andre Form — vom Monopol oder von dessen verwandtem Gegenstück, dem britischen Verbot des inländischen Tabakbaues abgesehen, wo dann die Erhebung eines sehr hohen Zolls möglich ist — bietet aber ebenfalls große Schwierigkeiten. Diese liegen namentlich in den Qualitätsdifferenzen der inländischen Tabake unter einander und mit den fremden Tabaken. Die Steuer diesen Unterschieden, also einigermaßen dem Werth des Products anzupassen, wäre die theoretische Forderung, die aber höchstens annähernd durchzuführen ist. Die Unterschiede zu vernachlässigen und einen einzigen Steuer- und Zollsatz zu erheben, wie es ja auch bei den anderen Finanzzöllen die Regel ist, führt große, kaum zu überwältigende andre Inconvenienzen mit sich, nach der thatsächlichen Lage der Dinge mehr und größere als z. B. bei Kaffee, Thee, sogar bei Wein, wo der gleiche Zollsatz für alle Qualitäten auch schon bedenklich genug ist und nur wegen der steuer- oder zolltechnischen Schwierigkeiten, die Qualitäten zu unterscheiden, besteht. In England ist die Frage, die Theezölle nach der Qualität des Thees abzustufen, wiederholt erörtert, aber in Ermanglung einer passenden Lösung immer wieder bei Seite gestellt worden. Mit Rücksicht auf die viel niedrigere Qualität der deutschen Tabake, selbst der besten, verglichen mit den ausländischen, also namentlich den americanischen, wird daher auch nur eine Annäherung der Steuer- und Zollsätze erstrebt werden können. Der höhere Zoll wirkt indessen auch soweit nicht unbedingt als Schutzzoll, als der heimische Tabak wegen seiner geringeren Beschaffenheit doch nicht mit dem fremden concurrirt. Deshalb wird auch jene wünschenswerthe Annäherung der Steuer- und Zollsätze dadurch nicht gekreuzt, daß nicht nur der Steuersatz für inländischen Tabak allmälig und womöglich relativ stärker, sondern auch der so überaus niedrige Zoll für Tabak noch ansehnlich erhöht wird. Denn Letzteres ist eine wichtige und bei der heutigen Sachlage unumgängliche Forderung der Finanzpolitik in Bezug auf ein Verbrauchssteuersystem. Der überaus niedrige deutsche Tabakzoll steht in keinem Verhältniß zum Werthe des Artikels, ist viel niedriger als der Zoll auf die meisten anderen Colonialwaaren, großentheils wichtigere und schwerer entbehrliche Consumptibilien, und hält mit der hohen Tabakbesteuerung anderer Länder mit und ohne Monopol schlechterdings gar keinen Vergleich aus. Die Zollerhöhung wird möglich werden, ohne daß der finanzielle Zweck der Maßregel durch die protectionistische Wirkung des höheren Zolls zu sehr beeinträchtigt wird, wenn man nur zugleich mit der Steuer einigermaßen in die Höhe geht. Das ist aber selbst bei deren heutigem Besteuerungsmodus wohl ausführbar, wenn derselbe eine kleine Veränderung erfährt, welche zulässig sein möchte.

Die neue deutsche Tabakbesteuerung beruht auf den Grundsätzen der früheren preußischen[1]) (C. O. v. 29. März 1828), jedoch mit einer bemer-

---

[1]) Sie war später auch in dem innerhalb des Zollvereins bestehenden Tabaksteuerverband eingeführt und auf den Norddeutschen Bund vor 1869 übergegangen.

kenswerthen Abweichung, und gerade diese gilt es rückgängig zu machen. Der im Zollvereinsgebiet erzeugte Tabak unterliegt nemlich einer Steuer bloß **nach Maßgabe der Größe der jährlich mit Tabak bepflanzten Grundstücke**, und zwar sind für je 6 Qu. Ruthen (preuß.) — eine Fläche unter 6 R. bei einem Pflanzer ist steuerfrei — 6 Sgr. Steuer zu entrichten, oder pro Morgen 6 Thl. Dies beträgt im Durchschnitt $2/3$—1 Thl. pro Centn. (nach dem Ernteergebniß v. 1869 etwa 27 Sgr.). Diese Tabaksteuer ist eine Art Grundsteuer, aber eine solche der rohesten Form, da auf Qualitätsunterschiede des Bodens, auf die Größe des Ertrags und auf den Werth des Products so wenig Rücksicht genommen wird, als auf die Verschiedenheit der Productionskosten. Die Tabaksteuer in dieser Form begünstigt indirekt den besseren Boden und das bessere Klima. Nach den Angaben für 1869 kommen Ertragsunterschiede pro Morgen selbst innerhalb eines und desselben Landestheils von 1:18 Centn. vor, so daß in einem Falle der Centn. mit 6 Thl., im anderen mit 10 Sgr. besteuert werden kann! Durch die Preisunterschiede werden diese Differenzen mitunter noch gesteigert. Vergleicht man auch nur die Durchschnitte von ganzen Ländern, so zeigt sich z. B., daß im J. 1869 in Bayern (vornemlich Pfalz) pro Morgen gewonnen wurde $6{,}8$ Centn. (mit Extremen von 16 bis 5 Centn.), zu einem Mittelwerth von $11\frac{1}{2}$ Thl. (Extremen: 17 und 6 Thl.) pro Centn., d. h. im Durchschnitt zahlte der Centn. $26{,}5$ Sgr., oder von seinem Durchschnittswerthe $7{,}7\%$. In Pommern — nicht mit den ungünstigsten Verhältnissen! — war der Ertrag pro M. $6{,}3$ Centn. zu einem Mittelwerthe von 5 Thl., die Steuer also pro Centn. $28{,}6$ Sgr. oder vom Werthe $19{,}1\%$. Dies sind nicht einmal die größten vorkommenden Differenzen[1]).

Die unvermeidliche weitere nachtheilige Folge dieser Ungleichmäßigkeit der neuen Tabaksteuer ist, daß man schwer wagen kann, den niedrigen bisherigen Steuersatz auch nur etwas erheblicher zu erhöhen. Denn dann wird die Ungleichmäßigkeit noch empfindlicher. Eine Steuererhöhung ist aber, wie gesagt, in nicht ferner Zeit dringend zu verlangen.

Die frühere preußische Steuer, so unvollkommen sie war, war doch rationeller als die jetzige Steuer. Nach dem Ges. v. 8. Febr. 1819, welches die innere Tabaksteuer in Preußen einführte, hatte der Centn. getrocknete Tabaksblätter 1 Thl. zu entrichten (§ 27), wobei also die Ertragsunterschiede des Bodens, wenn auch nicht die Qualitäts= und Preisunterschiede des Products berücksichtigt wurden. Nach der späteren, bis zuletzt geltenden Cabinetsordre v. 29. März 1828 wurde die Steuer zwar nach der Größe der bebauten Grundfläche normirt, aber **nach vier verschiedenen Abstufungen** (p. je 6 Qu. Ruthen mit 9, $7\frac{1}{2}$, 6, $4\frac{1}{2}$ Centn. Ertrag pro Morgen 6, 5, 4, 3 Sgr.). Das war ein richtiges Princip, so mangelhaft dasselbe auch durchgeführt wurde (§ 3 d. Ges.). Dieses Princip gilt es, bei der nothwendigen Reform und Weiterentwicklung der deutschen Tabaksteuer wieder aufzunehmen und besser durchzuführen, was keine so überaus schwierige Aufgabe ist. Wenn dann die Besteuerungsmethode auch noch immer große wesentliche

---

[1]) Etwas andre Ergebnisse 1870—71, Hand.=Arch. 1871 II, 612.

Mängel behält, so sind dieselben doch viel geringer, als in dem jetzigen Modus und nicht so groß, daß eine Erhöhung der Steuer ihretwegen unterbleiben müßte.

Die jetzige Tabaksteuer ist eine Grundsteuer für mit Tabak bebautes Land. Demgemäß muß sie wenigstens den Anforderungen an eine leidlich gute Grundsteuer entsprechen. Das geschieht, wenn man nach den Grundsätzen der Reinertragsbesteuerung neben der Größe der Fläche auch die Ertragsfähigkeit des Bodens, die Durchschnittspreise des Products und annähernd die Productionskosten berücksichtigt. Daten, um hiernach den ungefähren Reinertrag zu ermitteln, lassen sich gewinnen. Das Ergebniß dieser Operationen oder m. a. W. dieser Katastrirung des Tabakbodens wird freilich ebensowenig ein ganz genügendes sein, wie bei andren Grundsteuerkatastrirungen. Der Umstand, daß der Anbau öfters wechselt und daß alljährlich bei gewissen neu mit Tabak bebauten Feldern eine neue Taxation erfolgen muß, macht die Operation noch etwas schwieriger. Aber immerhin gewinnt man so eine viel bessere Basis für die Tabakbesteuerung als bisher. Die Kosten der Katastrirung, welche natürlich das Reich tragen müßte, werden nicht so bedeutend sein und fallen bei der bevorstehenden Steuererhöhung weniger ins Gewicht.

Alsdann kann man erst die Steigerung des Tabakzolls mit Aussicht auf Erfolg ins Auge fassen. Der jetzige Zoll von 4 Thl. pro Centn. Rohtabak beträgt von dem Hamburger Durchschnittspreis aller Sorten v. 1861—65 nur $16_{,6}$, von 1866—70 $19_{,5}$ %, während sich z. B. die Steuer von Tabak in England durch Bezollung auf 116—129, im Monopol Frankreichs auf 70—80, in demjenigen Oesterreichs auf c. 33, in Rußland auf 19—20 Thl. pro Centn. stellt. Die bisherige inländische Tabaksteuer Deutschlands beträgt meist nur $2/3$—$5/6$ Thl. oder weniger im Durchschnitt. Einen solchen Steuersatz beabsichtigte auch die Gesetzgebung und sind demgemäß die Ausfuhrvergütungen (§ 8 d. Ges. v. 1868) im Minimum für den Centn. Roh- und Schnupftabak von 15 Sgr., für entrippte Blätter und andre Tabakfabricate als Schnupftabak auf 20 Sgr. gesetzt, Sätze, die unter Umständen vom Bundesrath auf 20 und 25 Sgr. erhöht werden dürfen. Nimmt man den Preis deutscher Tabake im großen Durchschnitt auf 7—8 Thl. an, so beträgt die Steuer im Allgemeinen etwa zwischen 8—14%.

Eine Erhöhung des Zolls successiv von 4 auf 8, dann auf 12 Thl. pro Centn., der Steuer auf der neuen Basis von 20—25 Sgr. auf 2 Thl., später bis auf 5 Thl. möchte nicht undurchführbar und volkswirthschaftlich und finanzpolitisch zweckmäßig sein, wenn man dadurch schlechtere Steuern, vor allen die Salzsteuer, entbehrlich macht. Die Steigerung des Steuer- und Zollsatzes auf 50—60% des Werths ergiebt immer noch eine mäßige Besteuerung verglichen mit den hauptsächlichen andren europäischen Ländern. Die bisherige Höhe der Zuckersteuern wird dadurch nur wenig überschritten. In obigen Sätzen wird die bisherige Differenz zu Gunsten des inländischen Tabaks auch noch theilweise belassen.

Vor einer solchen Reform ist der unbedingt steuerfähigste Verbrauchsartikel, gegen dessen selbst hohe Besteuerung sich weniger Bedenken als gegen diejenige irgend eines andren Gegenstandes erheben, im deutschen Steuersystem ohne größere finanzielle Bedeutung. Das ist ein Fehler, wenn man einmal in Verbrauchssteuern hauptsächliche Einnahmequellen für den Staat eröffnet. Die innere Tabaksteuer, die zuerst im J. 1869 erhoben wurde, ertrug 1. Juli 1869/70 $0{,}_{341}$ brutto, $0{,}_{282}$ netto, nach Abzug der Ausfuhrvergütungen und 15% Erhebungskosten, 1870—71 $0{,}_{350}$ und $0{,}_{249}$ Mill. Thl. Rechnet man den Ertrag von Tabakzöllen (Rohtabak, Fabricate, Cigarren) mit bez. $2{,}_{844}$ und $2{,}_{776}$ Mill. hinzu, so ist dies immer erst $3{,}_{126}$ und $3{,}_{025}$ Mill. Thl. im Ganzen oder pro Kopf c. $1{,}_6$ Sgr. Demgegenüber eine Salzsteuer von $9{,}_{36}$ Sgr. pro Kopf, das ist wahrlich ein irrationelles Verbrauchssteuersystem! Großbritannien bezog aus dem Tabakzoll brutto $6{,}_{61}$ M. Pf. St. 1870—71 oder pro Kopf etwa 42 Sgr., Frankreich aus dem Monopol netto nach den Anschlägen der letzten Jahre c. 180 Mill. fr. oder pro Kopf c. 38 Sgr., Oesterreich (westliches) desgleichen aus dem Monopol netto nach dem Anschlag für 1871 $29{,}_1$ Mill. fl. oder pro Kopf c. 28 Sgr. Selbst Rußland bezieht aus der inneren Tabaksteuer $7{,}_{57}$ Mill. R. netto (1871) [1]).

Entfernt so hohe Beträge, wie die erstgenannten werden wir in Deutschland mit unsren Besteuerungsformen nicht erzielen können. Denn das ist nur durch Monopolisirung des Tabaks oder durch eine außerordentlich hohe, eben deshalb aber ein Verbot des inländischen Tabakbaues voraussetzende Bezollung fremden Tabaks möglich. Beides Maßregeln, die bloß vom steuertechnischen Standpuncte aus unbedingt den Vorzug vor allen anderen Besteuerungsformen verdienen. Freilich haben sie in den Ländern, wo sie bestehen, und hätten sie vielleicht noch mehr in Deutschland volkswirthschaftliche Nachtheile. Diese können jedoch wohl um der finanziellen Vortheile willen dort mit in den Kauf genommen werden, wo das Monopol oder das englische Verbot einmal lange Zeit besteht und geschichtlich überkommen ist, so daß sich die Volkswirthschaft darauf eingelebt hat. Hätten wir in Deutschland ebenso frühe als in anderen großen Ländern eine einheitliche und mächtige Staatsgewalt gehabt, so würden wir durch sie muthmaßlich auch schon lange eine ähnliche Gesetzgebung über Tabak wie in Frankreich, Oesterreich oder Großbritannien erhalten haben und uns jetzt darein finden, wie die Bevölkerung dieser Länder es thut. Gegenwärtig, wo sich ein bedeutender Tabakbau und eine blühende Privatindustrie der Tabakverarbeitung bei uns unter dem liberalen Besteuerungssystem entwickelt hat, kann zwar immer noch aus finanziellen Gründen die Einführung des Monopols oder vielleicht statt dessen des Verbots des inländischen Tabakbaues in Frage kommen. Aber die volkswirthschaftlichen Bedenken sind viel größer und die finanziellen Schwierigkeiten ebenfalls sehr bedeutend, da eine Art Ablösung der Privatfabriken oder des Privattabakbaues kaum vermeidlich wäre. Freilich möchte die Maßregel finanziell auch dabei immer noch rentiren. Denn auf eine Reineinnahme von einigen 30 Mill. Thl. ließe sich selbst nach Maßgabe österreichischer Verhältnisse in Deutschland wohl sicher rechnen. Dies ist zwar öfters bestritten worden, weil der Consum sich bei viel höheren Preisen

---

[1]) Mancherlei etwas ältere statist. Daten in d. Statist. Zusammenstellung in Bez. auf Einfuhrzölle und Verbrauchssteuern v. Sötbeer, Hamb. 1867.

sehr verringern werde, jedoch mit unzureichenden Gründen. In Zeiten einer großen Finanznoth, wie etwa jetzt in Frankreich, würde die neue Monopolisirung daher auch bei uns wohl ernstlich zur Sprache kommen dürfen. Glücklicher Weise befinden wir uns nicht in solchen Umständen. Die „französischen Millionen" würden uns freilich die Ablösungskapitalien liefern, aber ungleich günstiger ist es, daß wir gerade durch sie, also Dank unserem Krieg von 1870—71, in die Lage versetzt worden sind, solcher Finanzquellen wie des Tabakmonopols entrathen zu können. Eine Errungenschaft des großen Jahres mehr! — Die Reform der Tabakbesteuerung und Bezollung in der besprochenen Richtung ist aber trotzdem eine Forderung richtiger Finanzpolitik. Sie wird nicht durch die augenblickliche Finanzlage, sondern durch die Grundsätze eines möglichst guten Verbrauchssteuersystems nothwendig gemacht. Es scheint uns nicht zu optimistisch geschlossen zu sein, daß auch ohne Monopol oder Verbot des Tabakbaues ein Steuer- und Zollertrag von 6—8, vielleicht von 8—10 Mill. Thl. auf der vorgeschlagenen Basis erzielt werden kann. Dadurch würde der Ausfall bei vollständiger Aufhebung der Salzsteuer zur Hälfte gedeckt werden können. Ein solches Ergebniß stände bei den oben proponirten Steuer- und Zollsätzen in Aussicht, selbst wenn durch die Vertheuerung des Tabaks der zum heimischen Consum verbleibende im Inland gewonnene Tabak um ein Drittel und die Einfuhr fremden Tabaks zum Consum um ein Fünftel abnähme [1]). Als neue Besteuerungsform könnte bei uns auch wohl das russische Stempel- oder Banderollensystem in Betracht kommen [2]).

d. Die Branntwein- wie die Bier- oder Malzsteuer sind leider noch nicht vollständig Reichssteuern, sondern Steuern im ehemaligen Norddeutschen Bunde und Südhessen, aber mit Ausnahme der Zollausschlußgebiete (Hamburg, Bremen 2c.), welche auch statt dieser Steuern Aversa entrichten [3]). Der Umstand, daß die drei süddeutschen Staaten an der Branntweinsteuer der übrigen Theile des Reichs nicht Theil nehmen, hat neben den früher erwähnten Nachtheilen auch den weiteren zur Folge, daß die im finanziellen wie im volkswirthschaftlichen Interesse wünschenswerthe Annäherung der Steuern von inländischem und der Zölle von auswärtigem Branntwein einstweilen noch schwerer durchführbar ist. Denn dadurch würde die spätere Ausdehnung des Branntweinsteuersystems auf Süddeutschland vielleicht noch erschwert werden. So leidet unter dem jetzigen Zustande doch die gesunde Entwickelung des ganzen Reichsfinanzwesens. Aus der ungleichen Bier- oder Braumalzbesteuerung ergeben sich wenigstens solche Folgen nicht, da die Einfuhr von Bier aus dem Auslande nach Deutschland von geringer Wichtigkeit ist.

Auch für die Branntweinsteuer bestand schon vor 1866 innerhalb des Zollvereins ein besonderer Steuerverband unter einer Anzahl deutscher Staaten

---

[1]) Heimische Production an Rohtabak 1867 531,000, 1868 530,000, 1869 450,000, 1870 482,000 Centner, Einfuhr 1868 793,000, 1869 622,000, 1870 620,000 Centner, Ausfuhr 1869 117,000 Centner.

[2]) Vgl. Rau, Fin. 5. Aufl. § 440 Anm. k. und Walcker, Selbstverw d. Steuerwes. u. russ. Steuerreform, Berl. 1869 S. 315 ff.

[3]) Ueber Branntweinbesteuerung f. Hirth's Ann. J. 1868, 1871 S. 588 ff. (Statist. Abrechnungen). S. auch Rönne a. a. O. S. 92.

und zwar nach dem letzten Vertrage v. 28. Juni 1864 zwischen Preußen, Sachsen, Thüringen und Braunschweig [1]). Die preußische Besteuerungsmethode war in diesem Verbande eingeführt. Die Besteuerung sollte einen Ertrag von $1^9/_{16}$ Sgr. für das preußische Quart Branntwein von 50 Proc. Alkoholstärke nach Tralles sichern. Die Einnahmen waren gemeinschaftlich sowohl in Betreff der inneren Branntweinsteuer als der Uebergangsabgabe von Branntwein, die nach Maßgabe der Zollvereinsverträge von dem aus anderen Zollvereinsstaaten eingehenden Branntwein erhoben wurde. Die Verbandstaaten durften für Erhebungskosten der Steuer und der Uebergangsabgabe einen Abzug von 5% machen. Im Verordnungswege wurde diese Gesetzgebung in den annectirten Provinzen Preußens im J. 1867 in Kraft gesetzt. Oldenburg schloß sich dem genannten Vertrage von 1864 ebenfalls an. Durch Art. 35 der norddeutschen Verfassung war dem Bunde die Gesetzgebung über die Branntweinbesteuerung ausschließlich übertragen und demgemäß ist dann das Branntweinsteuergesetz v. 8. Juli 1868 erlassen worden. Dasselbe führte die in den andren Theilen des Norddeutschen Bundes bestehende Branntweinsteuer in beiden Mecklenburg, Lauenburg, Lübeck, in gewissen hamburgischen und preußischen Gebietstheilen, die entweder schon in der Zolllinie lagen oder später darin einbezogen werden sollten — was einige Mal stattfand, — ferner in Nordhessen ein und enthält die näheren Bestimmungen über die Besteuerung in vollständiger Zusammenstellung und z. Th. neuer Redaction. Südhessen trat durch Vertrag Hessens mit dem Norddeutschen Bunde v. 9. April 1868 dem norddeutschen Branntwein- und Biersteuersystem bei [2]).

Die Branntweinsteuer ist entweder eine **Maischbottigsteuer** oder eine **Branntweinmaterialsteuer**. Die erste wird bei der Bereitung des Branntweins aus Getreide oder anderen mehligen Stoffen nach dem Rauminhalt der zur Einmaischung oder Gährung der Maische benutzten Gefäße mit 3 Sgr. für je 20 preuß. Quart erhoben. Gewisse kleinere, nur im Winter betriebene landwirthschaftliche Brennereien entrichten bloß $2^1/_2$ Sgr.

Die zweite wird bei der Bereitung des Branntweins aus nicht mehligen

---

[1]) Ueber die Besteuerung innerer Erzeugnisse, außer Branntwein auch des Tabaks, des Biers und Weins, zwischen den genannten Staaten und Churhessen, Hannover, Oldenburg, Frankfurt bestanden schon ältere Verträge, wonach ein oder mehrere der genannten Artikel in allen oder in einer bestimmten Reihe dieser Staaten einer gemeinschaftlichen Steuer unterlagen. (Erneuerung und Erweiterung dieses Systems besonderer Steuerverbände bei der neuen Regelung der Zollvereinsverhältnisse im J. 1864. Daher eine Anzahl verschied. Verträge zwischen mehreren dieser Staaten v. 27. und 28. Juni und 11. Juli 1864. Vgl. dieselben u. A. im Preuß. Hand.-Arch. 1864 II. Beil. zu Nr. 35. In dem Art. 11 des Vertr. v. 28. Juni 1864 zwischen Preußen, Sachsen, Thüringen und Braunschweig sind die älteren Verträge zwischen diesen Staaten aufgeführt.

[2]) Für die hohenzollernschen Lande gilt das besondere Branntweinsteuergesetz des Norddeutschen Bundes v. 4. Mai 1868, mit anderer Veranlagungsweise und niedrigerem Satze. — Für die Theile des Bundesgebiets, in welchem das erwähnte Gesetz vom 8. Juli 1868 nicht Anwendung findet, ist am 8. Juli ein besonderes Gesetz, betreffend die subsidiarische Haftung des Brennerei-Unternehmers für Zuwiderhandlungen gegen die Branntweinsteuergesetze durch Verwalter, Gewerbsgehilfen und Hausgenossen erlassen.

Stoffen nach der Menge der dazu verwendeten Materialien angewendet, und zwar für den Eimer zu 60 preuß. Quart eingestampfte Weintreber, Kernobst oder Treber von Kernobst und Beerenfrüchten aller Art mit 4 Sgr., für den Eimer Trauben oder Obstwein, Weinhefen oder Steinobst mit 8 Sgr., bei andren nicht mehligen Stoffen mit einem dem Normalsatz von $1^9/_{10}$ Sgr. pro Quart Branntwein zu 50% Alkohol nach Tralles entsprechend zu bestimmenden Satze berechnet. Trotz dieses Normalsatzes von $18,_{0825}$ Pfennig (12 auf den Sgr.) beträgt die Ausfuhrvergütung für das Quart genannten Branntweins nur 11 Pf., wodurch schon anerkannt wird, daß jener Normalsatz jetzt lange nicht mehr erreicht wird.

Nach den Productionsverhältnissen Norddeutschlands wird Branntwein bei Weitem überwiegend aus Getreide und Kartoffeln gewonnen, wobei die Maischraumbesteuerung Anwendung findet. Die steuertechnischen Mängel dieser Methode wie der Materialsteuer, beides Besteuerungen nach der Rohstoffmenge, sind bekannt. Beide Steuerformen verdanken ihre Beibehaltung auch nur dem Umstande, daß die sonstigen Besteuerungsmethoden im Wesentlichen nicht besser sind und die rationellste Methode, die Besteuerung nach dem reinen Alkohol, also nach dem Fabrikat statt nach dem Rohstoff, technisch noch nicht genügend durchgeführt und die Defraudation dabei nicht entfernt hinreichend sicher verhütet werden konnte, wie erst wieder der Versuch in Oesterreich gezeigt hat. Großbritannien erhebt die Steuer allerdings nach dem Fabrikat, aber wendet auch sehr umfassende Controlen und Beschränkungen der Production an, welche bei uns kaum in Erwägung kommen können. Bei der Rübenzuckersteuer haben wir bisjetzt auch noch die Besteuerung nach dem Rohstoff. Dieselbe ist indessen hier doch nicht so unvollkommen, als bei dem Branntwein. Der Uebergang zur Fabrikatsteuer ist übrigens auch beim Rübenzucker mehrfach und noch neuerdings wieder angeregt worden.

Die wirkliche Höhe der Branntweinsteuer läßt sich wegen der genannten Besteuerungsmethoden nicht genau angeben. Sie schwankt jedenfalls nach der Beschaffenheit der geernteten Producte, nach den Gegenden und nach dem Stande der Technik in den einzelnen Brennereien nicht unbeträchtlich. Nimmt man die vielleicht etwas zu niedrige Ausfuhrvergütung zur Grundlage der Berechnung, so würden 100 Quart 3 Thl. $1^2/_3$ Sgr. zahlen. Ueber $3^1/_3$ Thl. darf man den Steuersatz schwerlich anschlagen. Selbst der Normalsatz von $1^9/_{16}$ Sgr. ergiebt nur 5 Thl. 6 Sgr. Das ist ungemein wenig, verglichen mit dem betreffenden Einfuhrzoll, mit dem Werthe und der Steuerfähigkeit des Artikels, mit den Steuer- und Zollsätzen andrer Verbrauchsgegenstände in Deutschland und den Branntweinsteuern anderer Länder.

Der deutsche Einfuhrzoll beträgt für alle Arten Branntwein (einschließlich Arrak, Rum 2c.) 6 Thl. pro Centner oder pro 100 Quart 13 Thl. 8 Sgr. (nach Sötbeer), also, verschieden nach der Alkoholstärke, mindestens das Doppelte, mitunter wohl bis zum Vierfachen der inländischen Branntweinsteuer. Nach hamburger Durchschnittswerthen, berechnet nach den auf Grund der Börsenpreise declarirten Einfuhren, beträgt der deutsche Zollsatz vom französischen Branntwein 1861—65 c. 33, 1866—70 $47,_3$%, vom Korn- und Kartoffelbranntwein bez. 108 und 87%. Die inländische Steuer von letzterem wird sich nur auf c. 22—23% belaufen. In Großbritannien besteht nach den neueren Handelsverträgen eine Gleichstellung zwischen Zoll und Accise auf Spirituosen, wobei zum Zoll nur ein kleiner Zuschlag als Ersatz der indirekten Kosten tritt, welche die Controlen ꝛc. dem inländischen Producenten verursachen[1]). Sötbeer berechnet den englischen Zollsatz für 1867 auf $85 \frac{2}{3}$ und $87 \frac{1}{2}$ Thl., die Steuer auf 84 Thl. pro 100 preuß. Quart (50%). In Frankreich wurde vor dem Kriege ein Eingangszoll erhoben von 2 Thl. $8 \frac{1}{2}$ Sgr. und 4 Thl. 17 Sgr. (je nachdem in Fässern oder Flaschen) pro 100 Quart, wozu dann für aus- und inländische Spirituosen die Steuer mit $12{,}_1$ Thl.—$13{,}_9$ Thl. tritt.

Natürlich sind die Erträge der Zölle und Steuern bei diesen niedrigen Sätzen in Deutschland viel geringer als in den beiden andren genannten Ländern oder als etwa in Rußland. In den 3 Jahren 1868—70 war die Einnahme aus Eingangszoll von Branntwein im Zollverein $0{,}_{398}$, $0{,}_{394}$, und $0{,}_{398}$ Mill. Thl., diejenige aus der Branntweinsteuer im norddeutschen Steuerverband nach Abzug der Ausfuhrvergütungen $11{,}_{120}$, $11{,}_{977}$ in 1868 und 1869, oder pro Kopf 11 Sgr. 9 Pf., 12 Sgr. 4 Pf. Im Budget für 1871 und 1872 sind an Branntweinsteuer (und Uebergangsabgabe) veranschlagt $9{,}_{651}$ und $10{,}_{283}$ Mill. Thl. Für Großbritannien berechnet Sötbeer 1864 69 Sgr. pro Kopf als Acciseertrag. Im Finanzjahr 1870—71 bezog es brutto $4{,}_{419}$ Mill. Pf. St. Zoll und $11{,}_{464}$ Accise aus der Spirituosenbesteuerung oder c. 102 Sgr. pro Kopf. Frankreich erwartete im Budget f. 1871 eine Bruttoeinnahme aus allen Getränkesteuern von $217{,}_{95}$ Mill. Fr., pro Kopf c. 46 Sgr., wobei freilich die innere Weinbesteuerung ins Gewicht fällt. Rußland schlägt den Nettoertrag seiner Getränkesteuer (meist Branntwein) auf $141{,}_{23}$ Mill. R. für 1871 an. Diese und andre Vergleiche mehr ergeben ein großes Mißverhältniß der deutschen Branntwein- und im Grunde der Getränkebesteuerung überhaupt in unserem Verbrauchssteuersystem.

Die Richtung, in welcher eine Reform vor sich gehen muß, scheint mir nicht zweifelhaft zu sein. Auch bei aller begründeten Rücksichtnahme auf die Interessen und die eigenthümlichen Productionsbedingungen eines großen Theils der norddeutschen Landwirthschaft ist eine Erhöhung der inneren Branntweinsteuersätze und eine Annäherung derselben an den Zoll ernstlich ins Auge zu fassen. Vielleicht kann selbst der Zoll noch erhöht werden. Mag dann auch der Consum etwas abnehmen, was in einer Beziehung ein Vortheil ist, so darf man doch auf eine ansehnlich höhere Einnahme aus dieser Steuer rechnen. Darin liegt das Hauptmittel neben der Tabaksteuerreform, um den Ausfall bei der Salzsteuer auszugleichen und womöglich auch die Matricularbeiträge weiter zu ermäßigen. Die Interessen der Landwirthschaft werden durch eine richtige und genügende Höhe der Ausfuhrvergütungen wahrgenommen werden müssen. In dieser Hinsicht hat die den Handelsverträgen widersprechende differentielle Zollbelastung des eingeführten Sprits in Italien (z. Th. auch in England, Belgien) für Deutschland indirekt auch eine finan-

---

[1]) A. Wagner, Zölle, im Staatswörterb. XI. 365 ff.

zielle, nicht nur eine handelspolitische Bedeutung [1]). Denn die Erschwerung des deutschen Exports hindert uns leicht noch mehr an der Steuerreform.

Die letztere ist aber, wie gesagt, von der Ausdehnung der Branntweinbesteuerung auf Süddeutschland wohl mit abhängig, weshalb diese dringend in Bälde zu wünschen ist.

e. Die Bier= oder Braumalzsteuer [2]). Ihre Gestaltung innerhalb des Zollvereins vor wie nach 1866 bietet manche Aehnlichkeit mit derjenigen der Branntweinsteuer. Zwischen Preußen, Sachsen, Braunschweig und Thüringen bestand Biersteuergemeinschaft, die zuletzt durch den Vertrag v. 28. Juni 1864 geregelt worden ist. Die Besteuerung des Braumalzes erfolgte in Sachsen und Braunschweig nach den preußischen Bestimmungen, in einzelnen thüringischen Staaten etwas abweichend. Oldenburg trat diesem Vertrage 1867 bei, die norddeutsche Bundesverfassung unterstellt die Bierbesteuerung dem Bunde, und Hessen erklärte sich durch den Vertrag v. 9. April 1868 bereit, sobald eine gemeinsame Gesetzgebung über die innere Besteuerung des Biers im Bunde zu Stande gekommen sein werde, dieselbe auch in Südhessen einzuführen. Durch das Bundesgesetz vom 4. Juli 1868 ist die preußische Besteuerung des Braumalzes auf die übrigen innerhalb des Zollvereins liegenden Gebiete des Bundes ausgedehnt worden, doch blieb in Hessen die Steuer beim Alten. Da hier jedoch, ebenso wie in Coburg und Meiningen höhere Steuersätze bestehen, so wird bei der Abrechnung über die Einnahme das Plus gegenüber den allgemeinen Sätzen diesen Staaten zu Gute gerechnet. Sonst besteht freier Verkehr für Bier in dem genannten Gebiete. Für das aus den drei süddeutschen Staaten eingehende Bier wird auf gemeinschaftliche Rechnung eine Uebergangsabgabe erhoben. Das vorgenannte Gesetz vom 4. Juli 1868 enthält die näheren Bestimmungen über die Besteuerungsformen, Controlen, Defraudationsstrafen ꝛc. Ein Gesetz vom 8. Juli 1868 regelt die subsidiarische Haftung des Brauereiunternehmers für Zuwiderhandlungen gegen die Braumalzsteuergesetze durch Verwalter, Gewerbsgehilfen und Hausgenossen.

Der Steuersatz ist 20 Sgr. für jeden Centner Malzschrot oder Getreideschrot, welches zum Bierbrauen verwendet wird [3]). Ungefähr diesem Satze entsprechend beträgt die Uebergangsabgabe von Bier $1/4$ Thl. pro Centner. Der Zoll auf ausländisches Bier ist dagegen 20 Sgr. pro Centner, so daß eine differentielle Begünstigung des heimischen Biers stattfindet, die indessen nach den Productions= und Absatzverhältnissen kaum protectionistisch wirkt, noch die Einnahmen beeinträgt. Außerdem besteht ein Zoll auf Hopfen, jetzt von $1 2/3$ Thl. Malz ist zollfrei.

Diese Bierbesteuerung ist ebenfalls niedrig, verglichen mit der baierischen oder englischen. Die englische Malzaccise ist etwa viermal so hoch als die deutsche (2 Thl. 22 Sgr. pro Centner), der Einfuhrzoll auf Malz noch höher. Theils des schwächeren Consums wegen, theils in Folge der niedrigeren Steuern ist

---

[1]) Vgl. über die Klagen besonders gegenüber Italien Meyer, b. norddeutsche Spiritusexporthandel im Deutschen Economist, 1872 Probenummer.
[2]) Vgl. Hirth, Ann. 1868, dann 1871 S. 585. Rönne, a. a. O. S. 93.
[3]) Auch Essigbereitung in Verbindung mit Bierbrauerei oder in eigenen Anstalten zum Verkauf von Essig aus Malz im Großen ist steuerpflichtig.

der Ertrag in Norddeutschland viel schwächer als in Großbritannien oder Baiern. Die Bruttoeinnahme Norddeutschlands an Braumalzsteuer und Uebergangsabgabe war 1868—70 $3{,}_{212}$, $3{,}_{487}$, $3{,}_{655}$ Mill. Thl. Die Nettoeinnahme, nach Abzug der 15% Erhebungskosten und der Ausfuhrvergütungen und der Abrechnungen mit Hessen ꝛc. $2{,}_{741}$, $3{,}_{006}$, $3{,}_{095}$ Mill. Thl., nach den Budgets f. 1871 $2{,}_{767}$ und 1872 $3{,}_{215}$ Mill. Thl. Für 1869 und 70 kommt auf den Kopf 3 Sgr. $1{,}_{23}$ Pf. Die Zolleinnahme des Zollvereins für Bier war 1869 und 70 87,000 und 78,000, für Hopfen 79,000 und 37,000 Thl. Dagegen bezog z. B. Großbritannien 1870—71 bloß aus der Malzaccise $6{,}_{078}$ Mill. Pf. St. oder c. 45—46 Sgr. pro Kopf, Baiern (rechtsrheinisch, incl. 100,000 fl. Steuerbeischlag aus der Pfalz) aus dem Malzaufschlag brutto 1865—66 $10{,}_{247}$, 1868 $8{,}_{823}$, (netto $8{,}_{332}$), nach dem Anschlag f. 1870 $9{,}_{490}$ Mill. fl. oder 1868 immer noch $31{,}_{6}$ Sgr. pro Kopf. Auch in Oesterreich ist der Ertrag der Biersteuer viel höher, im Budget f. 1871 wird er bei der inneren Steuer f. Westösterreich auf $17{,}_{893}$ Mill. fl. veranschlagt oder pro Kopf c. 17—18 Sgr. Sogar in Frankreich ist der Ertrag größer.

Diese Vergleiche legen es nahe, auch in Norddeutschland an die Erhöhung der Biersteuer zu denken, wie bei Tabak und Branntwein. Die süddeutschen, besonders die baierischen Verhältnisse werden vermuthlich ebenfalls darauf hindrängen. Eine mäßige Erhöhung des Steuersatzes erscheint auch kaum bedenklich, wenn dadurch wieder andre schlechtere Steuern entbehrlich werden und die Gemeinschaftlichkeit der Biersteuer im ganzen Deutschen Reiche sich dann möglich erweist. Aber gegen eine bedeutende Erhöhung sprechen doch ernstliche Gründe. Der Bierconsum, der in Norddeutschland ja einen großen Aufschwung genommen hat, muß gerade hier immer noch passend gegen den Branntweinconsum begünstigt werden. Eine hohe Biersteuer vertheuerte ferner ein gesundes Volksnahrungsmittel von großer Bedeutung, so daß auch die Beseitigung der Salzsteuer nicht durch die Steigerung der Biersteuer erkauft werden sollte. —

Hiermit haben wir die Betrachtung der Zölle und Verbrauchssteuern des Reichs erledigt. Man sieht, so Manches gegen einst auch auf diesem Gebiete gebessert worden ist, es bleibt noch viel für die Fortentwicklung im neuen Reiche zu thun übrig. Einige Forderungen, namentlich hinsichtlich der Salzsteuer, sind dringend. Es wird nicht alles auf einmal erfüllt werden können, was zu wünschen ist, aber ein fester Finanzreformplan in Betreff der zu erstrebenden Gestaltung im Ganzen sollte doch von vornherein leiten. Das Ob und Wann der Ausführung und in Hinsicht des Details auch das Wie hängt freilich vor Allem von dem Gange der Politik ab. —

III. **Andre besondere Reichssteuern.** Im Art. 4 der deutschen Reichsverfassung, wie schon früher in demselben Artikel der norddeutschen Bundesverfassung sind ausdrücklich dem Reiche und seiner Gesetzgebung auch „die für Bundeszwecke zu verwendenden Steuern" unterstellt. Nach dem Artikel 70 beider Verfassungen sollen ferner die gemeinschaftlichen Ausgaben, soweit sie nicht durch die Ueberschüsse der Vorjahre und die aus den Zöllen gemeinschaftlichen Verbrauchssteuern und aus dem Post= und Telegraphenwesen fließenden gemeinschaftlichen Einnahmen gedeckt werden, durch Beiträge der einzelnen Bundesstaaten aufgebracht worden, "solange Reichssteuern nicht eingeführt sind". Hieraus ergiebt sich also für das Reich das verfassungsmäßige Recht, neue Reichssteuern, d. h. auch andere als die Zölle und Verbrauchssteuern, einzuführen. Nach dem Wortlaut der Verfassung erscheint dieses Recht etwas verclausulirt, als ob solche Reichssteuern nur an die Stelle der Matricularbeiträge treten dürften. Da indessen letztere selbst keine verfassungsmäßig auf einen absoluten Betrag fixirte Höhe haben, sondern das nach Abzug der andren Einnahmen an Zöllen ꝛc. noch verbleibende Deficit decken müssen, so besteht doch kein Hinderniß, auch von anderen Reichssteuern umfassend Gebrauch zu machen und z. B. directe Steuern an Stelle von Verbrauchssteuern treten zu lassen, was mitunter nicht wird ausbleiben können. Die Textredaction ist nur, wie bei so vielen unserer neuen Gesetze, keine sehr glückliche.

Bisher hat das Reich von dem Rechte, neue Steuern einzuführen, nur in einem untergeordneten Falle und in Verbindung mit einem anderen Gesetze (Stempelung der fremden Prämienscheine, s. u.), dessen Hauptzweck kein finanzieller war, selbständigen Gebrauch gemacht. Es hat jedoch die im Norddeutschen Bunde (excl. Hohenzollern) durch Gesetz v. 10. Juni 1869 als Bundessteuer eingeführte Wechselstempelsteuer übernommen, da die vier süddeutschen Staaten diesem Gesetze beigetreten sind[1]. Auch auf Hohenzollern und durch das Gesetz v. 14. Juli 1871 auf Elsaß-Lothringen ist dieses Wechselstempelgesetz ausgedehnt worden und steht jetzt als Reichsgesetz in Kraft. Da die Einzelstaaten vorher auf ihre Rechnung die Wechsel in der Form eines Wechselstempels zu besteuern pflegten und diese Abgaben gleichzeitig aufgehoben wurden (§ 25 d. Ges.), so griff das neue Gesetz in die Finanzen der Einzelstaaten ähnlich wie das Postgesetz ein. Daraus erklärt sich eine analoge Uebergangsbestimmung wie in Betreff der Verrechnung der Postüberschüsse. Nach § 27 des Gesetzes erhält nemlich jeder Bundesstaat von der jährlichen Einnahme der in seinem Gebiete debitirten Wechselstempelmarken und gestempelten Blankets bis Ende 1871 36, für 1872 und 1873 24, für 1874 und 1875 12 %, von 1876 an dauernd 2 % aus der Bundeskasse als Vergütung gewährt.

Der Abgabe unterliegen gezogene und eigene Wechsel und an Ordre laufende Zahlungsversprechen (Billets à ordre), sowie die von Kaufleuten oder auf Kaufleute ausgestellten Anweisungen jeder Art auf Geldauszahlungen, Accreditive und Zahlungsaufträge, gegen deren Vorzeigung oder Auslieferung die Zahlung geleistet werden soll, ohne Unterschied, ob dieselben in der Form von Briefen oder in anderer Form ausgestellt worden (§ 1, § 24). Befreit sind von Wechseln nur: die vom Ausland auf das Ausland gezogenen, nur im Auslande zahlbaren Wechsel, ferner die vom Inland auf das Ausland

---

[1] S. Hirth, Ann. II. S. 1011 ff., IV. 592. Rönne, S. 96. In Norddeutschland ist das Gesetz seit 1. Jan. 1870, in Würtemberg, Baden, Südhessen und Hohenzollern seit 1. Jan. 1871, in Baiern seit 1. Juli, in Elsaß-Lothringen seit 15. Aug. 1871 in Wirksamkeit.

gezogenen, nur im Auslande und zwar auf Sicht oder spätestens innerhalb 10 Tagen nach dem Tage der Ausstellung zahlbaren Wechsel, sofern sie vom Aussteller direct in das Ausland remittirt worden (§ 1). Sodann sind von oben genannten wechselähnlichen Papieren befreit — ein wichtiger Punct für die Entwicklung unseres zurückgebliebenen Credit= und Bankwesens —: die statt der Baarzahlung dienenden, auf Sicht zahlbaren Platzanweisungen und Checks [1]), wenn sie **ohne Accept** bleiben, andernfalls muß die Versteuerung erfolgen, ehe der Acceptant Anweisung oder Check aus den Händen giebt [2]); ferner sind stempelfrei Banknoten und andre auf den Inhaber lautende, auf Sicht zahlbare Anweisungen, welche der Aussteller auf sich selbst ausstellt; endlich gewisse Accreditive (§ 24). Zum Zwecke der Besteuerung müssen Blankets, welche mit dem Bundesstempel versehen sind, oder Bundesstempel= marken, in vorgeschriebener Weise zu verwenden, benutzt werden [3]).

Die Höhe der Abgabe beträgt für die Wechsel= 2c. Summe von 50 Thl. oder weniger (also ganz passende Beseitigung der früheren preußischen Steuer= freiheit der Wechsel unter 50 Thl.) 1 Sgr., von über 50—100 Thl. $1^{1}/_{2}$, von über 100—200 Thl. 3, von über 200—300 Thl. $4^{1}/_{2}$ und für jede ferneren (auch nur begonnenen) hundert Thl. der Wechselsumme $1^{1}/_{2}$ Sgr. mehr. Dieser Satz, der also nur bei kleinen Wechseln $^{1}/_{2}$ p. Mille etwas stärker überschreitet, ist mäßig. Die Wechselstempelsteuer läßt sich als Verkehrssteuer recht wohl in Schutz nehmen. Sie wirkt thatsächlich wohl meistens als eine Art Einkommen= oder Gewerbesteuer und trifft dasjenige Einkommen vornehmlich, welches durch andre direkte Ertrags= oder Einkommensteuern schwer entsprechend getroffen werden kann: das Einkommen der Handeltreibenden. In Deutsch= land hat sie als Reichssteuer noch den weiteren besonderen Vortheil, die mehrfach abweichende particuläre Steuergesetzgebung beseitigt zu haben, so daß sie ver= glichen mit den früheren Abgaben, an deren Stelle sie trat, auch als nicht unwesentlicher Fortschritt in volkswirthschaftlicher Beziehung erscheint.

Der Gesammtertrag ist begreiflich nicht sehr bedeutend und für das Reich vorläufig noch durch die Abzüge zu Gunsten der Einzelstaaten geschmälert. Er war im ersten Jahre 1870 1,520,448 Thl., wovon der Bundescasse nach Abzug der Antheile der Einzelstaaten 973,087 Thl. verblieben. Der Vor= anschlag f. 1871 (noch ohne Süddeutschland) ergiebt 896,000, für 1872 1,325,920 Thl. (mit Süddeutschland und Elsaß) für den Bund allein. Die Statistik der Erträge in den Einzelstaaten liefert einen interessanten Beitrag zur Kenntniß der Größe des Wechselverkehrs und indirekt des Handels und Geldgeschäfts [4]).

---

[1]) Hierunter sind Anweisungen auf ein **Guthaben des Ausstellers** bei dem die Zahlungen desselben besorgenden Bankhause oder Geldinstitute nach dem Gesetz verstanden: also doch nicht blos Guthaben aus den Depositen 2c., sondern auch aus gewährten Crediten (mit und ohne Deckung).

[2]) Nachbarorte, wie Hamburg = Altona, Nürnberg = Fürth, Elberfeld = Barmen u. a. m. gelten hierbei als **ein Platz**. Vgl. die Bekanntmachung v. 23. Juni 1871, d. Reichskanzleramts z. Ausführ. d. Wechselstempelges.

[3]) S. Bekanntmach. d. Reichskanzleramts v. 11. Aug. 1871 über Reichsstempel= marken und Blankets.

[4]) U. A. bei **Hirth**, Ann. IV, 593.

Einige Verwandschaft mit der Wechselstempelsteuer hat die Stempelabgabe, welche nach dem Gesetze v. 8. Juni 1871 für die im inneren deutschen Verkehr zugelassenen fremden Prämienscheine auf den Inhaber im Betrage von 5 Sgr. für Loosstücke unter und bis 100 Thl. Nominalwerth und 10 Sgr. für größere Stücke zu entrichten war. Der Ertrag dieser Abgabe floß zur Reichscasse. Er stellt freilich nur eine einmalige Einnahme dar, denn die Abstempelung bezog sich nur auf Loose, die vor dem 1. Mai 1871 ausgegeben und bis zum 15. Juli 1871 zur Abstempelung eingereicht waren. Als Gebühr kann diese Abgabe nicht wohl betrachtet werden, als Steuer war sie nicht ohne principielle Bedenken. Richtiger wäre wohl die unentgeltliche Stempelung gewesen [1]).

Von der Einführung weiterer Reichssteuern oder der Uebertragung anderer Particularsteuern auf das Reich ist hie und da schon die Rede gewesen. So hat z. B. der preußische Finanzminister einmal eine Aeußerung hinsichtlich der Uebertragung der Gewerbesteuer auf das Reich fallen lassen. Bei der Verschiedenheit dieser Steuer oder der ihr als Ersatz oder Ergänzung dienenden in den verschiedenen deutschen Staaten erschiene dies kaum sehr zweckmäßig. Die Einführung einer neuen Reichsgewerbesteuer entspräche zwar dem Wesen der durch den Zollverein erst geschaffenen wahren einheitlichen deutschen Volkswirthschaft. Allein eine gute Gewerbesteuer ist ein noch ungelöstes steuertechnisches Problem. Unsere modernen Gewerbsteuern mit ihren Classenschemas werden nur sehr euphemistisch „rationell" genannt. Die preußische Gewerbesteuer enthält einige vorzügliche Elemente, wie namentlich die Bildung der berufsgenossenschaftlichen Steuergesellschaften, aber zwischen den verschiedenen Steuergruppen besteht keine gehörige Verbindung und Gleichmäßigkeit und die Steueransätze sind im Ganzen recht willkührlich.

Zweckmäßiger erscheint die auf dem Congreß deutscher Landwirthe in Berlin im Februar 1872 angeregte Uebertragung der diversen sog. Stempelabgaben (auf Eigenthumswechsel im Grundeigenthum u. s. w.) von den Einzelstaaten auf das Reich. Viele dieser Abgaben sind allerhöchstens nur als mäßige Gebühren, nicht wie jetzt, als hohe Verkehrssteuern zu rechtfertigen und beizubehalten.

Die beste Ausbildung eines direkten Reichssteuerwesens möchte in der Einführung einer Reichs- Classen- und classificirten Einkommensteuer wesentlich nach dem bekannten preußischen Vorbilde, dem Gesetze vom 1. Mai 1851, liegen. Denn trotz aller Mängel haben diese preußischen Steuern doch ihre großen Vorzüge und möchten zu den besten derartigen Steuern zählen. Wir würden solchen Steuern den Character eines Supplementärsteuersystems neben den direkten Landessteuern (Grund-, Gebäude-, Gewerbe-, z. Th. auch Lohn-, Besoldungs-, Kapital-, oder Leihzinssteuer) und zur Ergänzung des Reichs-Zoll- und Verbrauchssteuersystems vindiciren, um den jetzt durch Matricularbeiträge, eine sehr ungenügende Einnahmeform, gedeckten Ausfall zu ersetzen. Der Steuerfuß müßte daher im Princip verwandelbar sein, dem jeweiligen

---

[1]) S. auch d. Bekanntmachung d. Reichskanzleramts v. 19. Juni 1871 über die Vorschriften zur Ausführung d. Ges. v. 8. Juni 1871.

Bedarf entsprechend. In allen diesen Beziehungen hätte die Reichs-Classen- und Einkommensteuer dem englischen Einkommensteuersystem zu gleichen, welches auch einen solchen Supplementärsteuercharakter hat, neben den andren unvollkommen ausgebildeten direkten Staatssteuern und neben den wichtigen Localsteuern, die in mancher Beziehung unsren Landessteuern zu vergleichen sind, steht und zur Herstellung des Gleichgewichts zwischen Einnahmen und Ausgaben im Etat dient. Daher ist der Steuerfuß bei der englischen Einkommensteuer auch variabel und wird bei Einnahmeausfällen (Zoll- und Accisereformen) und plötzlichen größeren Ausgaben (Krimmkrieg, Rüstungen, Befestigungen, abessinischer Krieg) erhöht. Die Steuer verdankt ihre erneute Einführung im J. 1842 ja auch in erster Linie dem Bedürfniß nach einem sichern finanziellen Rückhalt in der damaligen Zollreformperiode. In Deutschland brauchen wir für weitere handelspolitische und Finanzreformen ein solches mobiles Element in unserem Steuersystem ebenfalls recht nothwendig. Das Besteuerungsrecht des Reichs gestattet, es einzuführen, ja die betreffenden Bestimmungen der Verfassung deuten selbst darauf hin, daß die Matricularbeiträge nur das provisorische Hilfsmittel sind, um einstweilen das Gleichgewicht im Reichshaushalt zu sichern, aber durch Reichssteuern ersetzt werden sollen.

IV. **Privatwirthschaftliches oder domaniales Einkommen.** Werbendes Staatsvermögen älterer Art, Feldgüter, Forsten, Bergwerke ꝛc. ist in Deutschland bekanntlich noch sehr reichlich vorhanden. Vieles davon war einst deutsches Reichseigenthum, es ist aber seit Jahrhunderten verloren gegangen und denn auch jetzt den Einzelstaaten ungeschmälert verblieben. Die wichtigste moderne Form des werbenden Staatsvermögens dagegen, die Eisenbahnen, fehlt, Dank dem großen Kriege von 1870—71, selbst dem jungen Reiche schon nicht mehr. Auch die Reichsverfassung selbst, wie früher die norddeutsche, faßt jedoch außerdem im Princip die Herstellung von Reichseisenbahnen ins Auge.

Nach Art. 41 können nemlich Eisenbahnen, welche im Interesse der Vertheidigung Deutschlands oder in demjenigen des gemeinsamen Verkehrs für nothwendig erachtet werden, kraft eines Reichsgesetzes u. A. auch **für Rechnung des Reichs** angelegt werden. Es ist weder nöthig noch wünschenswerth, daß sie deshalb in erster Linie als Einnahmequelle betrachtet und nach diesem Gesichtspunkte verwaltet werden. Aber bei den bedeutenden Herstellungskosten von Bahnen ist es gleichwohl erforderlich, mindestens so lange als das Anlagekapital nicht amortisirt ist, einen zur Verzinsung und Tilgung hinreichenden Ertrag aus Bahnen zu erzielen, und ein höherer Ertrag, welcher nicht das Ergebniß einseitig fiscalischer Verwaltung ist, darf unter Umständen auch vorkommen[1]). Sollte es daher zur Anlage oder zum Ankauf von Reichsbahnen kommen, so werden die letzteren immerhin auch als Einnahmequelle eine wichtige Stelle im Reichsfinanzwesen einnehmen, wie es ja sogar die Post, nicht ihrer Ueberschüsse, aber ihrer Kostendeckung wegen, thut.

Einstweilen hat der Norddeutsche Bund oder das Deutsche Reich von der

---

[1]) Die Stellung der Eisenbahnen im Finanzwesen habe ich kürzlich eingehend behandelt in Rau-Wagner, Finanzwiss. I. § 213 ff., 228 ff., worauf hier für die nähere Begründung meiner Auffassung der Bahnen verwiesen werden mag.

Ermächtigung, eigene Eisenbahnen anzulegen, noch nicht Gebrauch gemacht. Die bemerkenswerthe Bewegung zu Gunsten der Staatsbahnen, welche in den letzten Jahren der einseitigen Ueberschätzung des Privatbahnsystems gefolgt ist, könnte leicht eine Richtung gerade auf Reichsbahnen hin annehmen. Einzelne solche Aeußerungen sind schon mitunter hervorgetreten. Die französische Kriegscontribution fände in der Anlage neuer und auch im Ankauf wichtiger bestehender Linien vielleicht eine volkswirthschaftlich und politisch besonders produktive Verwendung. Ein solches werthvolles unbewegliches „Gemeineigenthum" des Reichs wäre ein neues, nicht unwichtiges Bindemittel.

Einstweilen ist mit dem Reichseisenbahnwesen durch die Erwerbung der ehemals der französischen Ostbahn gehörigen elsäßisch-lothringischen Bahnen im Friedensschluß ein schöner, viel versprechender Anfang gemacht worden. Der Uebergang von Grundeigenthum im neuen Lande an den Sieger ist die alte bewährte Methode, bald festen Fuß darin zu fassen. Wo gäbe es ein wichtigeres Grundeigenthum heutzutage als die Eisenbahnen? Grade dieses im Eigen des Staats als des Vertreters der Gesammtheit zu sehen, scheint uns eine begründete Forderung unserer Zeit. So erkennen wir in der ersten Entstehung von deutschen Reichsbahnen grade in den wiedergewonnenen Landestheilen — ein wahres pays reconquis für uns, wie die Franzosen einst ihr den Engländern am Spätesten wieder abgewonnenes Gebiet von Calais nannten — ein doppelt günstiges Omen: für die dauernde Festhaltung unseres alten Landes und für eine neue Aera der Eisenbahnpolitik.

Nach dem ersten Zusatzartikel zum Frankfurter Friedensvertrag vom 10. Mai 1871 sind die der französischen Ostbahngesellschaft gehörigen Bahnen mit sämmtlichem unbeweglichem Zubehör, mit allen Materialien, Brennstoffen, Vorräthen, Bahnhofsmobiliar, Werkzeugen in den Werkstätten und Bahnhöfen 2c., mit den Forderungen der genannten Gesellschaft an Corporationen oder Personen, welche in den abgetretenen Gebieten ihren Wohnsitz haben, auf Zahlung von Subventionen von der französischen Regierung kraft des dieser zustehenden Rechtes zum Rückkauf der der Ostbahngesellschaft ertheilten Concession zurückerworben worden. In alle Rechte bezüglich der vollendeten und in Bau begriffenen Bahnen, welche die französische Regierung auf diese Weise erwarb, ist die deutsche Regierung eingetreten. Von allen Rechtsansprüchen Dritter, auch der Darlehnsgläubiger (Prioritäts-Obligationäre) an die genannten Bahnen, ist Deutschland durch die französische Regierung zu befreien. Ausdrücklich ausgeschlossen von der Abtretung ist nach § 3 des ersten Zusatzartikels nur das Betriebsmaterial. Soweit letzteres in den deutschen Besitz gelangt war, verpflichtete sich die deutsche Regierung, es zurückzugeben. Als Preis für die Bahnen ist die Summe von 325 Mill. Fr. oder $86^{2}/_{3}$ Mill. Thl. festgesetzt worden, welche von den im J. 1871 fälligen Raten der Kriegsentschädigung abgerechnet wurde. Nach den im Reichstage von Seiten der Regierung gemachten Mittheilungen beruht die Feststellung obiger Summe auf zuverlässigen Ertragsschätzungen. Die abgetretenen Bahnen umfassen die Hauptrouten und den größten Theil der i. J. 1870 fertigen $103_{,8}$ Meilen elsäßisch-lothringischen Linien. Der Rest der letzteren kommt auf kleine Secundärbahnen, deren Eigenthümer in den Provinzen domiciliren.

Die Ausstattung der Bahnen mit neuem Betriebsmaterial hat Mühe gemacht und ist noch nicht beendet. Es war dafür vom Reichstage ein erster Betrag bis zur Höhe von 5 Mill. Thl., vorschußweise zu bestreiten aus dem bereitesten Mitteln der von Frankreich zu zahlenden Kriegsentschädigung, durch das Gesetz v. 14. Juni 1871 bewilligt worden. Dieser Credit ist durch das Gesetz v. 22. Nov. 1871 auf 11,440,000 Thl., die vorige Summe inbegriffen, erhöht worden. Er soll ebenfalls aus der Kriegsentschädigung bestritten werden und außer zur Ausrüstung der Reichsbahnen mit Betriebsmitteln zu verschiedenen sonstigen Vervollständigungen dieser Bahnen dienen. Im Ganzen repräsentiren die letzteren daher bis jetzt für das Reich ein Capital von 98,106,667 Thl. Doch wird der Ausrüstungscredit Anfang 1872 noch nicht ganz verbraucht sein. Auch bei einer bloß 5 %igen Rente müßte daher ein jährlicher Reinertrag von fast 5 Mill. Thl. erzielt werden. Im Reichs-Etat für 1872 sind indessen nur 2,954,550 Thl. Ueberschuß, also etwa 3%, veranschlagt worden, bei einer Einnahme von 9 und einer Ausgabe von 6,045 Mill. Thl., unter letzterer vielleicht einige größere nur vorübergehende Posten inbegriffen. Das Resultat wird vermuthlich günstiger sein. Daß die genannten Bahnen wahres Reichseigenthum sind, ohne daß irgend ein Anspruch des Reichslands selbst an dieselben bestände, ist nach dem Vorhergehenden keinem Zweifel unterworfen.

Die weitere Ausdehnung des elsäßisch-lothringischen Bahnnetzes wird aus politischen, militärischen und volkswirthschaftlichen Gründen nicht lange anstehen dürfen und viele Projecte sind bereits aufgetaucht. Neben der directeren Verbindung zwischen Metz und Straßburg werden namentlich mehrere neue Verbindungen der Reichslande mit Baden und mit der Pfalz ins Auge zu fassen sein. Es ist auch im finanziellen Interesse zu wünschen, daß wenigstens die neuen Hauptlinien auf Reichsrechnung gebaut werden.

Durch Zusatzartikel 2 zum Frankfurter Friedensvertrag erbot sich Deutschland auch, für die französische Ostbahnstrecke von der elsäßischen Grenze bis Basel 2 Mill. Fr. zu zahlen, wenn die Ostbahngesellschaft binnen eines Monats einwillige. Diese Einwilligung ist nicht erfolgt. Es wird daher wohl eine neue Strecke und ein neuer Baseler Bahnhof von Deutschland hier zu bauen sein, durch welche die Reichsbahnen unabhängig von dieser bisherigen Strecke werden. Die Schweiz hat das größte Interesse, in dieser Hinsicht Erleichterungen zu gewähren. Eine Rheinüberbrückung enthöbe aber im Nothfall das Reich aller lästigen Bedingungen, die von schweizer Seite etwa aufgestellt werden könnten.

Im § 6 des ersten Zusatzartikels sind endlich gewisse Verabredungen über die bisherigen Beziehungen zwischen der französischen Ostbahn und den luxemburgischen Bahnen getroffen worden. Das Deutsche Reich erklärte sich bereit, in die aus den Conventionen vom 6. Juni 1857, 21. Jan. und 5. Dec. 1868 für die Ostbahn hervorgehenden Rechte und Pflichten einzutreten. Jedoch ist die Angelegenheit der luxemburgischen Bahnen durch die Schuld der Regierung dieses deutschen Kleinstaats noch nicht erledigt. Trotz allen Widerwillens wird den Luxemburgern schließlich nichts Anderes übrig bleiben, als die Verwaltung ihrer Bahnen der lothringischen Reichsbahnverwaltung zu übertragen. Die Reichsfinanzen können davon berührt werden, wenn etwa eine Verpachtung der Bahnen oder des Betriebs auf denselben an das Reich stattfände, statt der Führung der Verwaltung auf Rechnung des Eigenthümers.

Zu den privatwirthschaftlichen Einnahmen des Reichs sind endlich noch die etwaigen Ueberschüsse zu rechnen, welche aus der Geschäftsführung der durch Gesetz v. 21. Juli 1870 errichteten öffentlichen Darlehnscassen des Norddeutschen Bundes hervorgehen und nach § 16 dieses Gesetzes der Bundescasse zufließen. Es ist dies freilich bei der beschränkten Dauer dieser Cassen nur eine einmalige oder vorübergehende Einnahme.

V. Die Matricularbeiträge. Soweit die vorgenannten Einnahmen zur Deckung der gemeinschaftlichen Reichsausgaben nicht ausreichen, sollen die letzteren durch die Beiträge der einzelnen Bundesstaaten nach Maßgabe ihrer Bevölkerung bestritten und bis zur Höhe des budgetmäßigen Betrags vom Reichskanzler ausgeschrieben werden (Art. 70 der Verfassung).

Die politische, finanzielle und volkswirthschaftliche Unzulänglichkeit des Princips dieser Matricularbeiträge ist im Vorhergehenden mehrfach hervorgehoben worden. In der Vertheilung nach der Kopfzahl der ganz zufälligen und ganz verschiedenartigen Gebilde, welche deutsche „Staaten" heißen, liegt ein principieller Fehler. Man hält sich hier, wie in so manchen andren Fällen, an den staatsrechtlichen, politischen Begriff „Staat" und betrachtet demnach alle Einzelstaaten als etwas Homogenes. In volkswirthschaftlicher und finanzieller Beziehung ist das jedoch eine bloße Fiction, welche im System der Matricularbeiträge nach der Bevölkerungszahl für die kleinen und armen „Staaten" manche Nachtheile, für die kleinen und reichen Staaten manche Vortheile des bloßen Kopfsteuerprincips ungerechter Weise in sich schließt und auch in Betreff der größeren Staaten doch leicht Ungleichmäßigkeiten in der Vertheilung der Steuerlast bewirkt. Man kann dies freilich als eine Consequenz der Selbständigkeit der Kleinstaaten ansehen. Letztere zahlen damit eine Prämie für ihre Halb-Souveränetät. Aber diese Strafe ist zu hart und die Auffassung widerspricht dem Wesen grade des Bundesstaats. Die genügende Abhilfe liegt allein darin, daß durch die Ausbildung des Reichssteuerwesens die Matricularbeiträge entbehrlich gemacht werden. Soweit dies nicht durch das Zoll- und Verbrauchssteuersystem geschehen kann oder darf, ist auf direkte Schätzungen hinzuarbeiten, wie wir sie oben in einer Classen- und classificirten Einkommensteuer für das Reich empfohlen haben.

Das Irrationelle und Nachtheilige der Matricularbeiträge nach Maßgabe der Bevölkerung tritt um so mehr hervor, je absolut größer die Reichsausgaben und je stärker die Quote derselben ist, welche durch jene Beiträge gedeckt werden muß. Die Höhe der Ausgaben hängt vom Umfang der Aufgaben und Thätigkeiten des Reichs, der Art und Weise der Ausführung dieser Leistungen, dem herrschenden Verwaltungssystem (im Militärwesen 2c.) ab. Da die Competenz des Reichs wohl einer Erweiterung entgegengeht, so ergiebt sich um so mehr die Nothwendigkeit, auf Ersatzeinnahmen an Stelle der Matricularbeiträge zu sinnen, damit jene Erweiterung die Uebelstände dieser Deckungsmittel nicht noch steigert.

Die Quote dieser Beiträge von der Gesammtausgabe, bez. von der ordentlichen Gesammteinnahme hängt von der Größe der übrigen Einnahmen ab. Durch die Erklärung der Zölle und Verbrauchssteuern zu Reichseinnahmen wird diese Quote sehr verringert. Auch ergiebt sich daraus ein weiterer Vortheil. Die frühere Vertheilung der Zölle und Verbrauchssteuern nach der Kopfzahl auf die Einzelstaaten war ebenfalls ganz irrationell und ungerecht. Die jetzige Verwendung dieser Einnahmen in erster Linie zur Bestreitung der gemeinschaftlichen Ausgaben ist daher auch in dieser Hinsicht eine große Verbesserung. Ebenso wird dadurch die Bestimmung, daß die Beiträge der Einzelstaaten zu den Lasten des Militärwesens $2{,}25$ Thl. mal die Bevölkerungszahl oder 225 Thl. mal die 1% der Bevölkerung betragende Militärcontingentsziffer ausmachen sollen, in ihrer unläugbar ungleichmäßigen Wirkung auf die einzelnen Staaten gemildert. Aber soweit Matricularbeiträge zur Deckung des Deficits noch erhoben werden müssen, bleibt jene Wirkung doch in kleinerem Umfange bestehen. Im Etat für 1871 (abgesehen von den Nachtragsveränderungen) kommen von der ordentlichen Einnahme von $75{,}425$ Mill. Thl. (bei der Post- und Telegraphenverwaltung nur die Ueberschüsse gerechnet, und den aus Anleihen herrührenden Betrag der Gesammteinnahme abgesetzt) noch $23{,}36$ Mill. Thl. oder fast 31%, im Etat für 1872, in welchem die süddeutschen Staaten inbegriffen, kommen trotz der hinzutretenden Einnahme aus den neuen Reichsbahnen von der ordentlichen Gesammteinnahme von $102{,}089$ Mill. Thl. (d. h. ausschließlich der im Etat aufgeführten Einnahmen aus der Kriegsentschädigung) noch $32{,}116$ Mill. Thl. auf Matricularbeiträge oder fast $31{,}5\%$, also beinahe ein Drittel. Das ist gewiß kein gutes und lange haltbares Verhältniß.

Welche nach den verschiedenen Zählungsweisen sich ergebende sog. Art der Bevölkerung bei der Berechnung der Matricularbeiträge zu Grunde gelegt werden solle, die faktische, rechtliche, die bisher so künstlich construirte „Zollabrechnungsbevölkerung" rc., das ist in der Verfassung nicht angegeben. Neuerdings hat man sich nach näherer Erörterung der Frage für die Benutzung der ortsanwesenden staatsangehörigen Bevölkerung zu diesem Zwecke entschieden, „weil diese Ziffer relativ am besten geeignet sei, einen Maßstab für die Vertheilung der finanziellen Leistungen abzugeben." Natürlich ändern sich die Zahlungsquoten im Ganzen nur unbeträchtlich, je nachdem man die eine oder andere Art der Bevölkerung der Rechnung zu Grunde legt, doch ist eine feste Bestimmung nothwendig und für einzelne kleinere Staaten ist es nicht ganz gleichgiltig, welche Berechnung durchgeführt wird [1]).

Gegenwärtig erfolgt übrigens die Vertheilung der Matricularbeiträge noch nicht ganz genau nach der Bevölkerungszahl, weil einzelnen norddeutschen Kleinstaaten durch die Militärconventionen mit Preußen noch zeitweilige Nachlässe an den fixirten Militärausgaben (225 Thl. pro Mann der Friedenspräsenzstärke von 1% der Bevölkerung) bewilligt sind, welche auf die Matricularbeiträge angerechnet werden. Dasselbe geschieht mit den Postüberschüssen

---

[1]) S. über die Frage Hirth, Ann. III, 445 ff., IV, 690. Rönne, S. 97. Eine nachträgliche anderweite Feststellung der Matricularbeiträge f. 1869 im Nordd. Bunde erfolgte demgemäß durch d. Reichsgesetz vom 5. Mai 1871.

bei allen daran Theil nehmenden Staaten und mit den noch vorkommenden Nachläſſen an den Geſandſchaftskoſten [1]).

Ueber die Bedeutung der mit der betreffenden Stelle im Art. 70 der Reichsverfaſſung gleichlautenden Stelle deſſelben Artikels der norddeutſchen Verfaſſung, daß die Matricularbeiträge „bis zur Höhe des budgetmäßigen Betrags" durch das Präſidium (den Reichskanzler) ausgeſchrieben werden" ſollten, haben ſchon früher Erörterungen ſtattgefunden [2]). Der Ausſchuß des Bundesraths für das Rechnungsweſen hielt das Präſidium für ermächtigt, im Falle des Bedürfniſſes, d. h. wenn die etatmäßigen Ausgaben nicht bis zu dem veranſchlagten Betrage durch anderweite Einnahmen (Zölle und Verbrauchsſteuern ꝛc.) nach den wirklichen Einnahmeergebniſſen gedeckt würden, vorſchußweiſe auch höhere als die budgetmäßig bewilligten Matricularbeiträge ohne vorgängige Ermächtigung des Reichstags auszuſchreiben. Denn da dieſe Beiträge unbedingt als Complemente eintreten müßten, ſo ſei die Beſtimmung der Höhe derſelben eine bloß calculatoriſche Arbeit und müſſe eine Erhöhung ohne Weiteres eintreten dürfen, wenn die Vorausſetzungen im Budget, d. h. der Eingang anderer Einnahmen in der budgetmäßigen Höhe, nicht einträfen. Trotzdem dieſe Beweisführung die richtigen Folgerungen aus der eigenthümlichen Natur des norddeutſchen und jetzigen deutſchen Bundeshaushalts ziehen möchte, iſt der Bundesrath auf dieſe Anſicht nicht eingegangen. Nach jetzigem Reichsfinanzrecht iſt daher der Ausdruck „bis zur Höhe des budgetmäßigen Betrags" wörtlich zu nehmen, ſo daß auch bei einem Einnahmeausfall höhere Beträge nur mit Bewilligung des Bundesraths und Reichstags ausgeſchrieben werden dürfen. Dieſe Beſtimmung kann unter Umſtänden eine Störung des Gleichgewichts des Haushalts bewirken, da die Abhilfe mittelſt einer ſchwebenden Schuld auch an die Ermächtigung der genannten beiden legislativen Factoren gebunden iſt. Seit der Ausſtattung der Reichscaſſe mit einem Betriebsfonds und der Militärverwaltung mit einem eiſernen Vorſchuß (Etat f. 1872) iſt indeſſen die Gefahr einer ſolchen Störung wenigſtens ferner gerückt.

VI. **Außerordentliche Einnahmen und Reichsſchuldenweſen.** Zum Weſen eines wahren Bundesſtaats gehört das Recht, auf Rechnung des Bundes ſelbſt Anleihen aufzunehmen, um allen vorkommenden Staatsaufgaben gewachſen zu ſein. Ein ſolches Recht beſaß der Norddeutſche Bund in Art. 73 ſeiner Verfaſſung und beſitzt das Deutſche Reich nach demſelben Artikel in ſeiner Verfaſſung. Hiernach „kann in Fällen eines außerordentlichen Bedürfniſſes im Wege der Reichsgeſetzgebung die Aufnahme einer Anleihe, ſowie die Uebernahme einer Garantie zu Laſten des Reichs erfolgen."

1. **Anleihen. a. Marineanleihe.** Von der hiedurch gegebenen Ermächtigung hat der Norddeutſche Bund ſchon vor dem franzöſiſchen Kriege Gebrauch gemacht. Nach dem Geſetze vom 9. Nov. 1867 durfte die Ausgabe einer nach Maßgabe des Bedarfs zu realiſirenden verzinslichen Anleihe von

---

[1]) S. z. B. die Berechnungsweiſe f. 1871 bei Hirth, Ann. IV. 706. Ebendaſelbſt S. 699 ff. Die complicirten Berechnungen der Matr.=Beiträge der vier ſüddeutſchen Staaten f. 1871.

[2]) Rönne, S. 87 u. 88. Hirth, Ann. II., 274, beſ. 279 ff.

10 Mill. Thl. für den außerordentlichen Geldbedarf der Marine und für die Kosten der Küstenvertheidigung erfolgen. Durch das Gesetz v. 20. Mai 1869 ist dieser Betrag auf 17 Mill. Thl. erhöht worden [1]). Diese Anleihe sollte anfangs mittelst Ausgabe von Obligationen mit fester Tilgung (mindestens 1% des Schuldkapitals mit Zinszuwachs der getilgten Obligationen nach dem Tilgungsfondssystem) aufgebracht werden, wobei die Tilgung mittelst Ankaufs eines entsprechenden Betrags Schuldverschreibungen oder mittelst Ausloosung und Einrufung der Obligationen zur Rückzahlung al Pari zu erfolgen hat, wenn die Papiere über Pari stehen. Durch das Gesetz v. 6. April 1870 ist dieser feste Tilgungsplan für die Schuld (eine sog. zurückzuzahlende) aufgehoben und die freiere Tilgung nach der Weise der Rentenschuld eingeführt worden, so daß die Tilgung mittelst Ankaufs der Obligationen für den durch den Bundeshaushalt dazu bestimmten Betrag von Mitteln erfolgt und dem Bunde außerdem das Recht vorbehalten bleibt, die in Umlauf befindlichen Schuldverschreibungen zur Einlösung gegen Baarzahlung des Capitalbetrags binnen einer gesetzlich festzusetzenden Frist zu kündigen. Außerdem ist schon in dem ersten Gesetze v. 9. November 1867 die Ermächtigung ertheilt worden, an Stelle der Anleihe vorübergehend verzinsliche, längstens auf 1 Jahr lautende Schatzanweisungen des Bundes auszugeben und in dieser Weise hat bisher die Realisirung des bewilligten Marinecredits stattgefunden. Die für den genannten Zweck zu verwendenden Beträge sind jährlich in den Bundeshaushaltsetat aufzunehmen.

Die Einführung der Schatzanweisungen in das Bundesschuldenwesen war eine richtige Maßregel moderner großstaatlicher Schuldenpolitik, nach dem bewährten Vorgange Großbritanniens und anderer größeren Staaten [2]). Es wird dadurch das allerdisponibelste Capital dem Staate zu einem niedrigen Zinsfuße zur Verfügung gestellt, ohne nachtheiligen Einfluß auf die Volkswirthschaft. Beim Ablauf des Fälligkeitstermins oder kurz vor demselben erfolgte im Norddeutschen Bunde die Emission neuer Serien, deren Begebung leicht war, so daß die Einlösung der älteren Serien gesichert und doch nur ungünstigsten Falles für wenige Tage ein doppelter Zins, gleichzeitig für die alten und neuen Scheine, zu zahlen war. Die alten wurden vernichtet. Da nach dem bisherigen Vorgange diese schwebende Schuld somit doch, wie in andren Ländern, für längere Zeit ein Bestandtheil der öffentlichen Schuld wird, empföhle es sich vielleicht, die Anweisungen selbst durch Stempel einfach zu prolongiren oder gleich bei der ersten Ausgabe auf dem Scheine zu bemerken, daß, wenn er nicht am ersten Fälligkeitstermine zur Einlösung überreicht werde, das Schuldverhältniß bis zu einem zweiten, dritten ꝛc. fortdauern solle. Die etwaige Veränderung des Zinsfußes und das Recht der früheren Einlösung (vor Ablauf des zweiten Termins) mittelst öffentlicher Bekanntmachung

---

[1]) Ueber den Marinegründungsplan s. d. Material bei Hirth, Ann. II, 194 ff., III, 127 ff. Norddeutsches Schuldenwesen ebd. 287 ff., IV, 665 ff. (Berichte der Bundesschuldencommission), Kriegskostenanleihe v. 1871 ebd. 680 ff. Rönne a. a. O. 99.

[2]) A. Wagner, Ordn. d. österr. Staathaushalts, Wien, 1863 S. 76—92, u. Art. Staatsschulden im Staatswörterb. X, 23.

könnte sich das Reich dabei gleichwohl vorbehalten. Auf diese Weise ließe sich nicht nur ein Theil der Verwaltungskosten 2c. ersparen, sondern das Papier auch für etwas längere Kapitalanlagen und für Kreise der Bevölkerung außerhalb der Börse und Bankwelt und der großen Plätze verwendbarer machen. Denn die effective Erneuerung des Scheins macht für den Privatmann und den Provinzialen meist die Vermittelung eines Banquiers nöthig, woraus Weitläufigkeiten und Kosten hervorgehen.

Die erste Emission von Schatzscheinen à Conto der Marineanleihe erfolgte am 15. Juli 1868 im Betrage von $3{,}6$ Mill. Thl. auf $3/4$ Jahr zu $3\frac{1}{2}\%$. Im J. 1869 wurden vier neue Serien, wovon 3 auf $3/4$ Jahr, 1 auf $1/2$ Jahr laufend, ebenfalls zu $3\frac{1}{2}\%$ verzinslich, im Ganzen für 14,248,900 Thl. emittirt, wovon aber 798,900 Thl. nicht zum Verkauf kamen. Eine fundirte Anleihe würde mindestens um $1-1\frac{1}{2}\%$ theurer gekommen sein. Im J. 1870 wurden für $17{,}4$ Mill. Thl. Schatzscheine emittirt, alle wieder zu $3\frac{1}{2}\%$ Zins, 2 Serien vor dem Kriege zu 8 und 9, 3 im October und November zu 6 Monat Umlaufszeit. Ende 1870 waren $10{,}2$ Mill. Thl. im Umlauf. Im J. 1871 wiederholte sich die Operation in ähnlicher Weise (im Ganzen theils neu, theils zum Ersatz ausgegeben $24{,}88$ Mill. Thl.). Es ist anzunehmen, daß die definitive Einziehung dieser Schatzscheine aus den Mitteln der französischen Contribution erfolge, aber erst nach den theureren Kriegsanleihen. Die norddeutsche Schuld aus der Marineanleihe ist jetzt deutsche Reichsschuld.

b. Die zweite große Creditoperation des Norddeutschen Bundes waren die **Kriegsanleihen** für den außerordentlichen Geldbedarf der Militär- und Marineverwaltung nach den Gesetzen v. 21. Juli und 29. November 1870. Es wird besser sein, die nähere Betrachtung dieser Anleihen zum Theil auf den zweiten Jahrgang dieses Jahrbuchs zu verschieben, um alsdann die finanzielle Seite des Kriegs, dessen Kosten, die Schulden, die französischen Zahlungen im Zusammenhange zu behandeln, wozu es jetzt noch zu früh ist und worüber das Material noch nicht vollständig vorliegt. Daher genüge für jetzt die folgende Uebersicht.

Durch das Gesetz v. 21. Juli 1870 wurden der Bundesregierung die Geldmittel für die durch die angeordnete Mobilmachung der Armee und durch die Kriegsführung gegen Frankreich entstehenden außerordentlichen Ausgaben der Militär- und Marineverwaltung bis zur Höhe von 120 Mill. Thl. bewilligt, welche Summe im Wege des Credits flüssig gemacht werden sollte. Demgemäß ward die Aufnahme einer verzinslichen Anleihe in dem für die Beschaffung jener Summe erforderlichen Nominalbetrag und die Ausgabe von Schatzanweisungen gestattet. Nach dem Erlaß vom 24. Juli 1870 sollten 100 Mill. Thl. durch die Aufnahme einer zu 5% verzinslichen Anleihe im Wege der öffentlichen Subscription (Bekanntmach. v. 26. Juli 1870) zum Curse von 88 beschafft werden. Die Subscription bis zum 2. August, also noch vor den Tagen von Wörth und Weißenburg, ergab 68,323,300 Thl. nominell oder 60,124,504 Thl. baar. Am 17. October 1870 wurde ein weiterer Nominalbetrag dieser Anleihe von $20{,}7$ Mill. Thl. zum Curse von $95\frac{3}{4}$ an ein Consortium begeben, woraus ein Baarerlös von 19,820,250 Thl.

resultirte, so daß im Ganzen aus der Subscription und dieser zweiten Operation 79,944,754 Thl. gegen Verschreibung von 89,023,300 Thl. nominell erlöst wurde. Durch Erlaß v. 2. Oct. 1870 ward der auf diese Weise zu beschaffende Betrag von 100 auf 80 Mill. Thl. (effectiv) reducirt, durch Erlaß v. 27. Jan. 1871 aber wieder auf 105 Mill. Thl. erhöht. Bis Januar 1871 war jedoch nur ein kleiner weiterer Betrag hiervon abgegeben ($2\frac{1}{2}$ Mill.), ein größerer von den Darlehnscassen lombardirt.

Für den Rest des 120-Millionen-Credits sind Schatzanweisungen im Betrage von 40 Mill. Thl. in mehreren Serien auf 4, 6 und zuletzt 9 Monate, mit 5 und $3\frac{1}{2}\%$ Zins emittirt und z. Th. noch im J. 1870 erneuert worden. Im J. 1871 wurden von diesen 40 Mill. bis zum April nur 15 Mill. Thl. auf 6, bezw. 3 Monate erneuert.

Durch das zweite Gesetz v. 29. Nov. 1870 wurde der Credit für die Kriegsführung um weitere 100 Mill. Thl. erhöht, welche wiederum durch eine Anleihe oder Schatzanweisungen beschafft werden sollten. Die letzteren dürfen auch auf länger als 1 Jahr Umlaufszeit lauten, daher mit Zinsscheinen (Coupons) versehen, ferner auf in- wie ausländische Währung ausgestellt und im Ausland zahlbar gemacht werden. Dieser neue Credit wurde ganz durch Schatzanweisungen aufgebracht. Durch die Erlaße v. 13. Dec. 1870 und 6. Januar 1871 sind in je 2 Emissionen zu 51 Mill. Thl. oder $7\frac{1}{2}$ Mill. Pf. St., 102 Mill. Thl. nominell 5%ige Schatzscheine, die bis 1. Nov. 1875 fällig sind, begeben und zu einem bedeutenden Theil in London untergebracht worden, durch Vermittelung von Bankconsortien. Die Regierung hat sich jedoch eine 6monatliche Kündigungsfrist mit Parieinlösung vorbehalten, was bei der günstigen Finanzlage wichtig war. Der Erlös betrug 95,752,500 Thl. Der an 100 Mill. noch fehlende Betrag ist durch einjährige Schatzanweisungen aufgebracht worden (28. Jan. 1871). Die Betheiligung des englischen Geldmarkts an der norddeutschen Schuld war volkswirthschaftlich und finanziell günstig und die diese Betheiligung erleichternden Bestimmungen über Währung und Zahlungsort der Schatzscheine daher ganz gerechtfertigt.

Auch mit Inbegriff des preußischen Staatsschatzes (30 Mill. Thl.), der Pariser Contribution (200 Mill. Fr., wovon auf den norddeutschen Antheil einstweilen $44_{/47}$ Mill. Thl.), der starken Vorschüsse der Darlehnscassen (17 Mill. Thl.) 2c. reichten jene enormen Credite jedoch zur Deckung der Kosten des Kriegs nicht aus. Bis Ende März 1871 waren für Kriegszwecke aus diesen Mitteln $286_{/49}$ Mill. Thl. realisirt und verbraucht worden. Es wurde daher ein neuer Credit nothwendig, welcher bereits durch ein Reichsgesetz v. 26. April 1871 in der Höhe bis 120 Mill. Thl. bewilligt worden ist, unter den formellen Bedingungen des Gesetzes v. 29. Nov. 1870. Dank dem baldigen Abschluß des definitiven Friedens und dem Eingang der starken ersten Raten französischer Zahlungen brauchte jedoch von diesem Credit nur noch für den Betrag von 30 Mill. Thl. Gebrauch gemacht zu werden (Bek. v. 22. Mai). Diese Summe ist durch 3 Serien $3\frac{1}{2}\%$ Schatzscheine von 10 Mill. Thl. mit 3, 4 und 6 Monat Verfallzeit aufgebracht worden. Diese wie die aus der Julianleihe herrührenden 15 Mill. Thl. Schatzanweisungen sind nicht wieder erneuert, also wohl aus der französischen Contribution definitiv getilgt worden.

Diese Contribution hat es auch möglich gemacht, schon durch das Reichsgesetz v. 28. Oct. 1871 den Reichskanzler zu ermächtigen, die 5% norddeutsche Anleihe v. 21. Juli 1870 zur baaren Rückzahlung nach dreimonatlicher Frist zu kündigen und die Mittel dazu aus dem norddeutschen Antheil an der französischen Contribution zu entnehmen. Die Kündigung ist indessen bis jetzt noch nicht erfolgt (Februar 1872). Dagegen ist die vollständige Rückzahlung der 5% fünfjährigen Schatzscheine in Ausführung begriffen.

Ein solches finanzielles Ergebniß in und nach einem solchen Kriege ist so eminent und steht so einzig da, wie nur der Kriegserfolg selbst. Die Schulden, welche also sämmtlich nur für kurze Zeit aufgenommen wurden, kamen dem Norddeutschen Bunde, Dank dem glücklichen Gange des Kriegs und der geschickten Finanzoperationen auch sehr billig im Verhältniß zum Friedenszinsfuße, nur der zuerst subscribirte Theil der Julianleihe erheblicher über 5% Zins (5,68%).

Die Anleihen vom Juli und November 1870 sind nicht auf das Deutsche Reich als solches übergegangen und die bezüglichen Gesetze gehören auch zu Folge der Bündnißverträge nicht zu denen, welche nach dem Art. 80 der Verfassung zu Bundesgesetzen erklärt werden können. Bei der gegenwärtigen Finanzlage ist dies praktisch ziemlich bedeutungslos. Selbst die Verzinsung der Kriegsanleihen erfolgt nicht, wie diejenige der Marineanleihe, aus den ordentlichen Einnahmen des Reichs, sondern aus den zur Deckung der Kriegskosten bestimmten Mitteln[1]), beziehungsweise wohl aus der französischen Contribution. Mit Rücksicht auf die bisherigen politischen Verhältnisse werden auch die Kriegskosten für den Norddeutschen Bund und die einzelnen süddeutschen Staaten noch getrennt verrechnet und liquidirt.

Zu den Schulden des Norddeutschen Bundes aus Veranlassung des Kriegs sind endlich auch noch die Darlehnscassenscheine zu zählen, welche nach dem Gesetz v. 21. Juli 1870 ausgegeben wurden, eventuell bis zum Maximum von 30 Mill. Thl. Werden diese Scheine auch eigenthümlicher Weise in diesem Gesetze nicht als Schuld des Bundes bezeichnet, noch dieser dafür haftbar erklärt, so ergiebt sich doch aus dem ganzen Inhalt des Gesetzes, aus der verfügten Controle durch die Bundesschuldencommission und aus der Annahme zum Nennwerth an allen öffentlichen Cassen Norddeutschlands, daß man es hier mit einer Schuld des Bundes zu thun hat, wenn auch die specielle Deckung in dem Pfande hinzukommt und die Darlehnscassen selbstständige Institute mit dem Rechte der juristischen Person sind. Diese Scheine waren leider nicht einlösbar und insofern trotz des glücklicher Weise fehlenden Zwangcourses (§ 2 d. Ges.) doch ein bedenkliches Hilfsmittel, für das am Ende indirect die Preußische Bank mit einstand, welche sie in Zahlung annahm. Die Bedenken steigern sich noch, wenn man erwägt, daß zeitweise der größere Theil der Darlehnscassenscheine gegen Verpfändung von noch nicht begebenen Schatzscheinen und Schuldverschreibungen des Norddeutschen

---

[1]) Vgl. den Etat f. 1872, R.-G.-B. 1871 S. 420.

Bundes ausgegeben war, im März 1871 17 Mill. Thl., mit andren Worten: die Darlehnscassenscheine waren doch mehr oder weniger ein uneinlösbares, für Staatsbedürfnisse ausgegebenes Staatspapiergeld. —

Zur Vervollständigung dieser Uebersicht über das norddeutsche Bundes-, bez. das deutsche Reichsschuldenwesen ist hier noch zweier Puncte zu erwähnen. Der Norddeutsche Bund hat durch Gesetz v. 11. Juni 1868 eine Garantie für die Verzinsung und Tilgung eines Darlehens der europäischen Donauschifffahrtscommission von bis 135,000 Pf. St. für die dauernde Fahrbarmachung der Sulinamündung in Gemeinschaft mit Großbritannien, Frankreich und Oesterreich übernommen. Die Garantiepflicht wird erst praktisch, wenn der Reinertrag aus den Schifffahrtsabgaben zur Verzinsung und Tilgung nicht ausreicht. Ferner ist vom Deutschen Reiche eine Subvention von 20 Mill. Fr., einschließlich der von deutschen Regierungen und Eisenbahngesellschaften zu erwartenden Zuschüsse, für die Gotthardt-Bahn zugesichert worden (Gesetz aus d. 2. Session des Reichstags v. 2. Nov. 1871, unter gleichzeitiger Aufhebung des norddeutschen Gesetzes v. 31. Mai 1870, das eine Beihilfe bis 8 Mill. Fr. für diesen Zweck in Aussicht gestellt hatte). Diese Subvention ist nicht nur politisch, sondern auch volkswirthschaftlich und finanzpolitisch von Interesse, weil sie ein Beleg mehr dafür ist, daß die kleinen particularistischen Staatswesen wie die Schweiz auch schon zur alleinigen Durchführung großer volkswirthschaftlicher Aufgaben die Kräfte mitunter nicht mehr besitzen. —

2. Neben den Staatsschulden gehören zu den außerordentlichen Einnahmen des Deutschen Reichs die französischen Kriegscontributionen aus dem Kriege von 1870—71. Eine vollständige Uebersicht und Verrechnung derselben fehlt noch, ist aber dem Reichstage in Aussicht gestellt worden. Auch soll nach § 8 des Haushaltetatsgesetzes des Reichs v. 4. Dec. 1871 die Verwendung der von Frankreich gezahlten Kriegsentschädigung durch Reichsgesetz geregelt werden. Vorläufig mögen folgende Angaben genügen. Beim Abschluß des Waffenstillstands und der Capitulation von Paris mußte letzte Stadt eine Summe von 200 Mill. Fr. baar sofort erlegen. Diese Summe ist großentheils von der Bank von Frankreich vorgeschossen worden. Sie ist einstweilen auf den Norddeutschen Bund und die süddeutschen Staaten vertheilt worden, vorbehaltlich definitiver Regelung. Im Präliminarfrieden von Versailles v. 26. Febr. 1871 Art. II. versprach Frankreich die Zahlung von fünf Milliarden Fr. an den deutschen Kaiser, wovon 1 Milliarde im Laufe des J. 1871, den ganzen Rest im Laufe von drei Jahren von der Ratification des Vertrags ab. Im Art. III. des genannten Friedensvertrags ist die Zahlung dieser Summen mit der Räumung des französischen Gebiets durch die deutschen Truppen in der Weise in Verbindung gebracht worden, daß das besetzte Gebiet als Pfand für den rückständigen Rest der Schuld dient und mit der fortschreitenden Zahlung nach einem gewissen Modus geräumt wird. Namentlich sollen nach erfolgter Zahlung von 2 Milliarden, die noch mit höchstens 50,000 Mann besetzt bleibenden Dep. Marne, Ardennen, Ober-Marne, Maaß, Vogesen und Meurthe nebst der Festung Belfort als Pfand für die rückständigen drei Milliarden, welche vom Tage der Ratification an

mit 5% zu verzinsen sind, dienen. An Stelle dieser Territorialgarantie versprach Deutschland unter Umständen eine ausreichende finanzielle Garantie anzunehmen.

In dem definitiven Frankfurter Friedensvertrag v. 10. Mai 1871, dessen Abschluß bekanntlich durch die Verschleppung der Friedensverhandlungen in Brüssel und durch den Pariser Commune-Aufstand verzögert ward, sind über die Termine und Modalitäten der Zahlung der Kriegsentschädigung einige wichtige nähere und z. Th. veränderte Bestimmungen getroffen worden. Nach Art. 7 sollen 500 Mill. Fr. binnen 30 Tagen nach wiederhergestellter Ordnung in Paris gezahlt werden, eine zur Ausführung, wenn auch mit kleiner Abweichung, gekommene Bestimmung[1]). Weitere 1000 Mill. Fr. sollen im Laufe des J. 1871[2]), 500 Mill. am 1. Mai 1872, die drei letzten Milliarden am 1. Mai 1874 und die Zinsen für diese 3000 Mill. Fr. jährlich am 3. März bezahlt werden. Vorauszahlungen auf letztre Summen sind zulässig und hört dann die Verzinsung auf. Die Zahlungen können nur in den hauptsächlichsten Handelsplätzen Deutschlands und bloß in Metall, Gold oder Silber, (der preuß. Thl. zu 3 Fr. 75 C. gerechnet), in Noten der Bank von England, Preußischen, Kön. Bank der Niederlande, Nationalbank von Belgien, Anweisungen auf Ordre oder discontirbaren Wechseln ersten Rangs, sofort zahlbar, geleistet werden. Auch sind die beabsichtigten Zahlungen drei Monat zuvor der deutschen Regierung anzukündigen. Von der ersten halben Milliarde durften die 325 Mill. Fr. für die elsässisch-lothringischen Bahnen noch nicht abgezogen werden. Bei den nächsterfolgten Zahlungen von 1000 Mill. Fr. ist dieser Abzug geschehen. Ueber die Besetzung französischen Gebiets sind im Frankfurter Vertrag einige neue Bestimmungen verabredet worden.

Eine erneute Regelung eines Theils der Zahlungen aus dem Titel der Kriegsentschädigung erfolgte in der Separatconvention v. 12. Oct. 1871 Art. 2. Die vierte Halb-Milliarde nebst 150 Mill. Fr. am 2. März 1872 fälligen Zinsen für die übrigen 3000 Mill. sollen demnach halbmonatlich v. 15. Jan. bis 1. Mai 1872 immer am 15. und 1. d. M. in sieben Raten zu 80 und einer letzten Rate zu 90 Mill. Fr. geleistet werden. Diese Zahlungen sind gegenwärtig (Febr. 1872) dem Vernehmen nach im regelmäßigen Gange[3]). Bis zum 1. Mai 1872 wird daher Frankreich an Deutschland volle 2 Milliarden Fr. Kriegsentschädigung nebst dem einjährigen Zinse für die übrigen 3 Milliarden entrichtet haben, im Ganzen 2150 Mill. Fr. oder nach Abzug der Summe für die genannten Bahnen 1825 Mill. und mit der Pariser Zahlung 2025 Mill. Fr. oder, den Thl. zu $3^{3}/_{4}$ Fr. gerechnet, 540 Mill. Thl.

Wie es mit dem Reste der Schuld, den 3 Milliarden, gehen wird, ist

---

[1]) Die Summe von 125 Mill. Fr. wurde in französischen Banknoten von Deutschland angenommen nach der besonderen Convention vom 21. Juni 1871; sie war zahlbar in Raten am 1., 8., 15. Juni.

[2]) Nach oben genannter Convention davon 125 Mill. Fr. innerhalb 60 Tagen nach dem Termin der ersten Halbmilliarde.

[3]) Im Februar 1872 ist eine neue Verabredung über die Vorauszahlung sämmtlicher bis 1. Mai fälligen Raten im März 1872 gegen Gewährung eines Disconts erfolgt.

vielfach verschieden beantwortet worden. Die Verwirklichung der Drohung, daß Frankreich diese Summe nicht zahlen, sondern zu Rüstungen und zu einem neuen Kriege mit Deutschland verwenden werde, ist wohl nicht so leicht zu befürchten angesichts der vollständigen politischen Zersetzung des Landes. Die pomphaften Proclamationen, die genannte Summe durch freiwillige Beiträge zu decken, verriethen auch schon, daß unsere Nachbarn diese Drohung selbst für eine Prahlerei zu halten beginnen, zeigten aber freilich außerdem den gewöhnlichen Mangel dieses Volks an nüchternem Denken.

Eine besondre Entschädigung für die gekaperten Schiffe, für die ausgewiesenen Deutschen 2c. hat Deutschland nicht ausbedungen. Sie muß also aus der großen Contribution erfolgen.

Dagegen hat Frankreich noch verschiedene andre Zahlungen an Deutschland geleistet und z. Th. noch weiter zu leisten, welche in den Rechnungen des Reichs, bez. der Einzelstaaten als außerordentliche Einnahmen vorkommen müssen. So sind in den besetzten französischen Gebieten die Steuern für deutsche Rechnung erhoben worden, was erst mit der Ratification des Versailler Friedens (2. März 1871) aufhörte (Art. VIII). Ferner sind neben den Naturalrequisitionen Geldcontributionen von Gemeinden und Landestheilen, mitunter als besondre Strafen vorgekommen. Endlich hatte und hat die französische Regierung seit der Ratification des Präliminarfriedens, von wo an die deutschen Truppen Geld- und Naturalrequisitionen nicht mehr vornehmen durften, die Verpflegung der deutschen Truppen in den besetzten Gebieten in einem mit der deutschen Militärintendantur vereinbarten Maaße auf ihre Kosten zu übernehmen. (Art. IV. d. Vers. Friedens). Diese Bestimmung gilt gegenwärtig noch für die c. 50,000 Mann deutscher Truppen in den besetzten Departements der Champagne und Französisch-Lothringens nebst Belfort.

Eine feste Regelung der Beziehungen zwischen den Finanzen des Reichs und denjenigen des neuen Reichslandes Elsaß-Lothringen muß noch erfolgen. Das Reichsland muß seinen eigenen streng gesonderten Haushalt erhalten, ebenso wie die Einzelstaaten des Reichs ihn haben. Ausgaben wie die für die neu gegründete Universität Straßburg sind einstweilen in das Budget des Reichslands gestellt, gehören aber richtiger in das Reichsbudget, wenn anders der bei der Gründung der neuen Universität obwaltende Gedanke ordentlich durchgeführt wird. Matricularbeiträge hat andererseits das Reichsland mit Recht sofort, noch bevor es Soldaten für das Reichsheer liefert, zu leisten, wie denn auch im Etat für 1872 bereits 1,216,333 Thl. dafür eingestellt sind. Die Einnahmen aus den Zöllen und Verbrauchssteuern fließen ebenfalls in die Reichscasse (Ges. v. 17. Juli 1871 § 3). In dem Steuerwesen Elsaß-Lothringens werden tiefgreifende Reformen nicht ausbleiben können. Vor Allem sind die übermäßig hohen, nachtheiligen Registergebühren (enregistrement), die Weinbesteuerung u. a. m. umzugestalten. Dadurch wird man der Bevölkerung eine Wohlthat erweisen und große Härten beseitigen. So ist z. B. die Bezollung des französischen Weins, der die neue Zollgrenze passirt, neben der hohen inneren Weinbesteuerung eine außerordentliche Prägravation, über welche sich die neuen Landsleute mit Recht beschweren können.

Ueber die staatsrechtliche Ordnung des Reichsfinanzwesens hinsichtlich des Budget- und Etatwesens, der Rechnungsabschlüsse, Controle, Entlastung 2c. enthält die Verfassung des Deutschen Reichs eine Reihe von Bestimmungen. Es muß hier, mit Rücksicht auf den Raum, genügen, die betreffenden Abschnitte der Verfassung zu citiren, besonders die Art. 69—73 über die Reichsfinanzen, Art. 58, 60, 62, 68 über die finanzielle Seite des Reichskriegswesens, ferner den Bündnißvertrag mit Baiern v. 23. Nov. 1870, soweit er Baiern in einigen Puncten des Militärwesens und der Finanzen eine Ausnahmestellung gewährt[1]). Von besonderer Wichtigkeit für eine gute Ordnung des Finanzwesens halten wir die in Art. 71 bereits vorgesehene Eventualität, daß die gemeinschaftlichen Ausgaben, wenn sie auch in der Regel für ein Jahr bewilligt werden, doch in besonderen Fällen auch für eine längere Dauer bewilligt werden können. Dies ist durch die norddeutsche Bundesverfassung und durch Art. 62 der deutschen Reichsverfassung in Betreff der Ausgaben für das Heer (Pauschquantum von 225 Thl. pro Mann der Friedenspräsenzstärke bis Ende 1871) und von Neuem in demselben Betrage durch das Reichsgesetz v. 9. Dec. 1871 bis Ende 1874 geschehen. Hiermit bereitet sich die Ausscheidung eines stabilen (dauernden) und wandelbaren Budgets nach bewährtem englischen Muster im Deutschen Reiche vor, worin ein großer politischer Fortschritt liegt. Den Finanzen und der Volkswirthschaft kommt dies ohne Zweifel in dem regelmäßigeren Gange des Staatslebens zu Gute[2]).

Die Controle des norddeutschen Bundes- und deutschen Reichshaushalts erfolgt bis jetzt durch die preußische Oberrechnungskammer unter der Benennung „Rechnungshof des Norddeutschen Bundes, bez. des Deutschen Reichs"[3]).

Die Bundes- bez. Reichsschuldenverwaltung ist nach vergeblichen Versuchen einer definitiven gesetzlichen Regelung provisorisch bis zum Erlaß eines definitiven Gesetzes durch das Gesetz v. 19. Juni 1868 geordnet worden, worauf hier für das Nähere verwiesen wird. Der Preußischen Hauptverwaltung der Staatsschulden ist in diesem Gesetze die Bundes- bez. Reichsschuldenverwaltung übertragen worden und von derselben nach Maßgabe des preußischen Gesetzes v. 24. Febr. 1850 zu führen. Die Geschäfte (Controle) der preußischen Staatsschuldencommission werden von einer Bundesschuldencommission wahrgenommen, welche aus drei Mitgliedern des Bundesraths, drei Mitgliedern des Reichstags und (vorläufig) dem Chefpräsidenten der Preußischen Oberrechnungskammer besteht. Die jährlich zu erstattenden Berichte der preußischen Schuldenverwaltung und dieser Bundesschuldencommission liegen bis 1870 einschließlich vor.

---

[1]) Vgl. hierüber den Aufsatz von Thudichum an der Spitze des Jahrbuchs f. Gesetzg. 2c. und den dortigen Commentar zu den Verfassungs- und Vertragsbestimmungen, bes. S. 44—46, 39—44, 64 ff., 67. Rönne a. a. O. S. 85—87, 98, 100, 101. Da vorstehender Aufsatz über das Reichsfinanzwesen ohnehin schon den ihm zugemessenen Umfang übersteigt, müssen wir darauf verzichten, auf das öffentliche Reichsfinanzrecht als solches hier näher einzugehen, kommen aber vielleicht auf diesen Gegenstand im 2. Jahrgang zurück.
[2]) Rau-Wagner, Finanzwiss. § 41.
[3]) Gesetze v. 4. Juli 1868, 11. März 1870, 28. Oct. 1871.

Es erübrigt uns jetzt noch eine Uebersicht des Haushalts für das Jahr 1871 und der in der ersten Session des deutschen Reichstags ergangenen Finanzgesetze oder der anderweiten, finanzielle Puncte zugleich mit berührenden Gesetze, da nach dem Plane des Jahrbuchs der Etat für 1872 und die Gesetze der zweiten Reichstagssession erst im zweiten Jahrgange behandelt werden sollen. Wir können uns in Betreff des Etats für 1871 um so kürzer fassen, da derselbe nur ein in einigen Puncten nach der Gründung des Reichs veränderter Etat des Norddeutschen Bundes ist. Die erlassenen Gesetze ganz oder theilweise finanziellen Inhalts betreffen ferner mehrfach Puncte, welche mit dem Kriege zusammenhängen und werden deshalb ebenfalls besser erst später in Verbindung mit dem gesammten Kriegsfinanzwesen besonders besprochen.

I. Der Haushaltetat des Norddeutschen Bundes für 1871 beruht ursprünglich auf dem Gesetze v. 15. Mai 1870 und beträgt hiernach in Ausgabe und Einnahme 77,446,287 Thl., wovon 72,721,861 Thl. an fortdauernden, 4,724,426 Thl. an einmaligen und außerordentlichen Ausgaben. Dieser Etat hat durch das Reichsgesetz v. 31. Mai 1871 Veränderungen erfahren, indem durch einen Nachtrag 557,959 Thl. in Einnahme und Ausgabe, davon 128,338 Thl. an fortdauernden, und 429,621 Thl. an einmaligen und außerordentlichen Ausgaben, hinzugetreten sind. Durch dasselbe Gesetz (§ 2) wurde der norddeutsche Etat für 1871 in Verbindung mit diesem Nachtrage zum Haushaltsetat des Deutschen Reiches erklärt. Demgemäß ist durch das Gesetz v. 31. Mai 1871 auch eine veränderte Vertheilung der im ursprünglichen Etat des Norddeutschen Bundes aufgestellten Matricularbeiträge erfolgt. In Folge des Hinzutritts der süddeutschen Staaten übernahmen diese 1,700,727 Thl. Matricularbeiträge, wogegen die Beiträge der norddeutschen Staaten um 1,285,010 Thl. herabgesetzt wurden. Der erste Deutsche Reichshaushaltsetat für 1871 ist aber bei Weitem noch kein vollständiger. Denn nur für einen Theil der gemeinschaftlichen Ausgaben und Einnahmen im Verhältniß zur Zeit participiren die süddeutschen Staaten an diesem Etat[1]), und namentlich blieb die Finanzverwaltung ihres Heerwesens mit Rücksicht auf die Kriegsverhältnisse, den Bestimmungen der Bündnißverträge gemäß, für 1871 noch getrennt. Nur in Betreff Badens hat dies später noch eine Abänderung erfahren. Durch das Gesetz vom 22. November 1871 wurde nemlich ein Nachtrag zum Etat für 1871 in Einnahme und Ausgabe mit 1,618,650 Thl. hinzugefügt, als Kosten des badischen Militärcontingents für das zweite Semester 1871 (14,388 Mann zu 112$^1/_2$ Thl.).

Vereinigt man diese Nachträge mit dem ursprünglichen Etat, so ergiebt sich folgender Gesammtetat des Reichs für 1871. Die Uebersicht beschränkt sich aber auf die Summendaten der Hauptpositionen.

---

[1]) Vgl. die Materialien bei Hirth, Annal. IV, 689 ff., bes. 699 (Berechnung der Matricularbeiträge.

Ausgaben.

I. Fortdauernde.	Ursprüngl. Etat.	Nachträge[1]).	Summe Thl.
Bundeskanzleramt	274,450	106,738	381,188
Reichstag	20,563	—	20,563
Auswärtiges Amt incl. Extraordin.	246,360	4,750	251,110
Gesandtschaften	639,170	—	639,170
Consulate	354,350	9,600	363,950
Militärverwaltung	66,856,638	1,618,650	68,475,288
Marineverwaltung	3,596,730	—	3,596,730
Schuld	612,000	—	612,000
Rechnungshof	63,000	—	63,000
Oberhandelsgericht	58,600	7,250	65,850
Summe I.	72,721,861	1,746,988	74,468,849
II. Einmal. u. Außerord.			
Auswärtiges Amt	—	85,000	85,000
Consulate	—	3,650	3,650
Postverwaltung	12,220	161,375 (3,304)	170,375
Telegraphenverwaltung	59,822	—	59,822
Militärverwaltung	248,924	—	248,924
Marineverwaltung	4,403,460	177,000	4,580,460
Oberhandelsgericht	—	5,900	5,900
Summe II.	4,724,426	429,621	5,154,047
Ausgabe-Summe I. u. II.	77,446,287	2,176,609	79,622,896

Einnahmen.

Zölle und Verbrauchssteuern	48,574,500	—	48,574,500
nemlich			
Ein- u. Ausg. abg.	18,562,060	—	—
Rübenzuckersteuer	8,626,350	—	—
Salzsteuer	7,671,290	—	—
Tabaksteuer	244,400	—	—
Branntweinst. u. Uebergangsabg.	9,651,440	—	—
Braumalzst. u. Uebergangsabg.	2,766,960	—	—
Aversen der Zollausschlüsse	1,052,000	—	—
Wechselstempel, Bundesantheil	896,000	139,184	1,035,184
Post-Ueberschuß (excl. hess. Antheil)	2,400,715	(1,420)	2,399,295
Telegr.-Ueberschuß	59,822	—	59,822
Verschied. Einnahmen	134,288	4,478	138,766
Matricularbeiträge	23,360,038	3,319,377 (1,285,010)	25,394,405
Summe	75,425,363	2,176,609	77,601,972
Aus der Anleihe (Marine)	2,020,924	—	2,020,924
Zusammen	77,446,287	2,176,609	79,622,896

---

[1]) Die eingeklammerten Ziffern bedeuten Verminderungen gegen den ursprünglichen Etat.

Die Einnahme für das badische Militärcontingent im 2. Semester 1871 ist hier zu den Matricularbeiträgen gesetzt worden. Das Ges. v. 22. Nov. 1871 nennt nur „die von der K. preuß. Militärverwaltung zur Bestreitung der Bedürfnisse des badischen Contingents dem Reiche in Einnahme zu stellende Summe." Diese muß natürlich von Baden bestritten werden, entweder durch baare Einzahlung oder durch Verrechnung auf seine Zoll= und Verbrauchs= steuerantheile.

Dieser Voranschlag für 1871 ist wie die früheren des Norddeutschen Bundes und wie der Reichsvoranschlag für 1872 in der Hauptsache ein Nettobudget, d. h. bei den Ausgaben sind die Erhebungskosten der Einnahmen und die Verwaltungskosten der Post und Telegraphie nicht mit enthalten und bei den Einnahmen nur die Reinerträge und Ueberschüsse angesetzt. Doch enthält das Budget die Uebersicht der Gesammteinnahmen und Ausgaben der Post und Telegraphie. Um ein Bruttobudget herzustellen, müßten die Ausgaben letzterer beider Verwaltungen, ferner die Erhebungs= kosten der Zölle und Steuern, soweit sie vom Reiche wie von den Einzel= staaten bestritten werden, hinzugefügt werden.

Die Höhe der einzelnen Ausgabeposten im obigen Budget hängt von der Einrichtung und dem Umfange der bezüglichen Reichsinstitute ab. In dieser Beziehung ist theils auf die früheren Abschnitte dieser Abhandlung, namentlich aber auf die bezüglichen Separatartikel dieses Jahrbuchs und für das Detail der Positionen auf das Budget selbst zu verweisen.

Der im Etat für 1871 stehende Betrag der Ausgaben für die Mili= tairverwaltung ist auf Grund der Artikel 62 und 71 der Norddeutschen Bundesverfassung durch königl. Verordnung vom 15. Mai 1870 festgestellt und der detaillirte Hauptetat darüber dem Bundesrath und Reichstage zur Kenntnißnahme und Erinnerung mitgetheilt worden (B.=G.=Bl. 1870 S. 404). Der Gesammtbetrag entspricht der Summe von 225 Thlr. Ausgabe pro Kopf der Friedenspräsenzstärke des Bundesheeres, d. h. einer Armee von 299,704 Mann oder 1% der Bevölkerung vom 3. December 1867 (gemäß Art. 60 der Norddeutschen Verfassung). Von der sich hiernach ergebenden Summe von 67,433,400 Thlr. gehen aber für 1871 in Folge der Vereinbarungen mit einzelnen Bundesstaaten, wonach dieselben für die ersten Jahre einen geringeren, allmählig bis zum vollen Satz steigenden Betrag zu entrichten haben, noch 576,762 Thlr. ab, sodaß 66,856,638 Thlr. bleiben. Von letz= terer Summe fallen nach dem Hauptetat der Militairverwaltung 65,723,170 Thlr. auf die fortlaufenden, 1,133,468 Thlr. auf die einmaligen Ausgaben. Im Etat sind die Positionen geschieden für Preußen und die ins preußische Heer einverleibten kleinen Contingente (60,290,919 Thlr.), Sachsen (4,879,816 Thlr.), Mecklenburg (1,192,140 Thlr.), Nordhessen (493,763 Thlr.). Nach dem aus der Norddeutschen in die Deutsche Verfassung übergegangenen Artikel 67 fallen Ersparnisse an dem Militairetat unter keinen Umständen einer einzelnen Regierung, sondern jederzeit der Reichscasse zu.

Das badische Contingent ist in den Verband der preußischen Armee übergegangen (Hauptbestandtheil des 14. Corps), die hessischen Truppen bilden eine geschlossene Division (die 25.) im Verband des 11. Armeecorps. Die

Ausgabe für Baden und Hessen ist im Hauptetat der Verwaltung des Deutschen Reichsheeres für 1872 in der Rubrik für Preußen mit enthalten. Außerdem specificirt dieser Etat die Ausgabe getrennt für Sachsen, Württemberg und Mecklenburg. Württemberg hat sich im § 12 seiner Militairconvention vom 25. November 1870 vorbehalten, daß „Ersparnisse, welche unter voller Erfüllung der Bundespflichten als Ergebnisse der obwaltenden besonderen Verhältnisse möglich werden, zu seiner Verfügung bleiben[1]". Wichtiger ist wie im Militairwesen überhaupt, so auch in der Finanzverwaltung für das Militair die Sonderstellung Bayerns, nach seinem Bündnißvertrag vom 23. November 1870 unter III, § 5 und nach der Deutschen Reichsverfassung (Schlußbestimmung zum XI. und XII. Abschnitt). Bayern ist hiernach verpflichtet, dieselbe Friedenspräsenzstärke des Heeres wie das übrige Deutschland zu erhalten und pro Kopf denselben Geldbetrag zu verwenden. Aber dieser Betrag wird im Reichsbudget in einer Summe ausgeworfen, seine Verausgabung durch Specialetats geregelt, deren Aufstellung Bayern überlassen bleibt. Ferner ist behufs der Entlastung dem Bundesrath und Reichstag nur die Ueberweisung der für das bayerische Heer erforderlichen Summe für Bayern nachzuweisen[2]). Demgemäß steht im Etat für 1872 die Gesammtausgabe für das ganze Reichsheer in der einen Summe von 90,042,492 Thlr., im beigefügten Hauptetat des Heeres der Betrag für das übrige Reich mit 79,141,493 Thlr. specificirt, für Bayern in der Totalsumme von 10,900,999 Thlr. nicht specificirt.

Die im Etat für 1871 befindliche Ausgabe für die Schuld bezieht sich nur auf die Marineanleihe. Im Nachtragsgesetz vom 31. Mai 1871 wird ausdrücklich bemerkt, daß die Norddeutschen Kriegsanleihen von 1870 vorbehaltlich weiterer gesetzlicher Anordnungen aus den zur Deckung der Kriegskosten bestimmten Mitteln zu verzinsen sind.

Die Einnahmen des Reichs haben oben ihre eingehende Erörterung gefunden. In Betreff der Matricularbeiträge, welche im Etat für die einzelnen Staaten specificirt werden, ist der Vorbehalt einer berichtigten Repartition nach Maßgabe der nächsten Volkszählung gemacht. So wenigstens ausdrücklich im ursprünglichen Etat für 1871, während die Bestimmung im Nachtragsetat wohl nur zufällig fehlt und die ältere Vorschrift giltig bleibt.

Hinsichtlich der Einnahmen sei endlich schon hier noch einer wichtigen Bestimmung des Etatsgesetzes für 1872 vom 4. December 1871 gedacht, weil dieselbe von principieller Bedeutung für das Reichsfinanzwesen und für dessen Verhältniß zu den Einzelstaatsfinanzen ist. Nach § 3 dieses Etatsgesetzes sollen vom 1. Januar 1872 an die Bundesregierungen den Ertrag der Zölle und innerer Verbrauchssteuern der Reichskasse erst zur Verfügung stellen, sobald diese Zölle und Abgaben nach den bestehenden Gesetzen und den

---

[1]) Ueber die Tragweite hiervon s. S. 81 des Jahrbuchs.

[2]) Vgl. Schlußbestimmung zu Abschn. XII der Verfassung mit Art. 72, ferner Jahrbuch S. 66—67 die Erläuterungen von Thudichum zu diesen Bestimmungen des bayerischen Vertrags.

über die Fristen der Zoll- und Steuercredite getroffenen Verabredungen für ihre Cassen fällig geworden sind. Ebenso sind die Aversen der Zollausschlüsse und die Matricularbeiträge der süddeutschen Staaten an Stelle der Branntwein- und Braumalzsteuer von 1872 an erst von dem Termine an fällig, wo die Zölle und Steuern, an deren Stelle sie treten, es sein würden. Hierdurch sind die Zoll- und Steuercredite unter entsprechender Entlastung der Einzelhaushalte auf den Reichshaushalt übernommen. Für 1872 haben die ersteren daher die Rückzahlung der Credite für ihre Cassen zu erwarten, während das Reich einen Einnahmeausfall für 1872 an den Zöllen und Verbrauchssteuern nebst den Aversen u. s. w. erleidet, der durch die französischen Zahlungen ersetzt werden soll. Diese Reform ist durchaus angemessen, um so mehr, als die Vorschüsse der Einzelstaaten auf solche Zoll- und Steuercredite nach Lage der deutschen Handels- und Productionsverhältnisse sich sehr ungleich auf diese Staaten vertheilten. —

II. An Gesetzen 2c. ganz oder theilweise finanziellen Inhalts sind in der ersten Session des Reichstags folgende ergangen. Wir führen sie hier auf, ohne irgend näher auf ihren Inhalt einzugehen, da sie bereits in unserem Aufsatze oder in einem anderen Theile des Jahrbuchs besprochen sind, soweit sie in der Hauptsache andere als finanzielle Fragen betreffen[1]), oder mit dem Kriege in näherer Verbindung stehen und alsdann, unserer früheren Bemerkung gemäß, erst im 2. Jahrgang betrachtet werden sollen.

1) Gesetz, betreffend die Beschaffung weiterer Geldmittel der durch den Krieg veranlaßten außerordentlichen Ausgaben vom 26. April 1871. R.-G.-B. S. 91.

2) Gesetz, betreffend eine anderweitige Feststellung der Matricularbeiträge zur Deckung der Gesammtausgaben für das Jahr 1869 vom 5. Mai 1871. R.-G.-B. S. 97.

3) Gesetz, betreffend die Kriegsdenkmünze für die bewaffnete Macht des Reichs, vom 24. Mai 1871. R.-G.-B. S. 103. Die vom Kaiser gestiftete Kriegsdenkmünze für den letzten Krieg wird auf Kosten des Reichs hergestellt.

4) Gesetz, betreffend die Feststellung des Haushaltsetats des Deutschen Reichs für das Jahr 1871, vom 31. Mai 1871. R.-G.-B. S. 114.

5) Bekanntmachung des Reichskanzleramts vom 1. Juni 1871. Die Generalcasse des Norddeutschen Bundes heißt künftig Reichshauptcasse.

6) Gesetz, betreffend die Inhaberpapiere mit Prämien, vom 8. Juni 1871. R.-G.-B. S. 210 (Stempelgebühren in § 4).

7) Gesetz, betreffend die Vereinigung von Elsaß-Lothringen mit dem Deutschen Reiche, vom 9. Juni 1871. R.-G.B. S. 212. Vgl. bes. §. 3.

8) Friedenspräliminarien zwischen dem Deutschen Reich und Frankreich, vom 25. Februar 1871. R.-G.-B. S. 210. Bes. Art. II.

---

[1]) Vgl. den Artikel über die Reichsgesetzgebung von v. Holtzendorff, Jahrb. S. 205 ff., ferner Metzels Regesten, ebd. S. 110 ff. und Bambergers Aufsatz ebd. S. 180 ff.

9) Friedensvertrag zwischen dem Deutschen Reich und Frankreich, vom 10. Mai 1871. R.=G.=B. S. 223. Bes. Art. 7, 8, Zusatzartikel 1, R.=G.=B. S. 234, desgl. Zusatzconvention vom 21. Mai, R.=G.B. S. 243.

10) Additionalartikel zum deutsch=nordamerikanischen Postvertrag vom 14. Mai (31. März) 1871. R.=G.=B. S. 245. Porto des frankirten Briefes nach den Vereinigten Staaten $2^1/_2$ Sgr., des unfrankirt in Deutschland ankommenden 5 Sgr.

11) Gesetz, betreffend den Ersatz von Kriegsschäden und Kriegsleistungen, vom 14. Juni 1871. R.=G.=B. S. 247. Zahlung der betreffenden Ersatzsumme aus der französischen Kriegsentschädigung.

12) Gesetz, betreffend die Entschädigung der Deutschen Rhederei, vom 14. Juni 1871. R.=G.=B. S. 249. Zahlung aus der französischen Kriegsentschädigung.

13) Gesetz, betreffend die Beschaffung von Betriebsmitteln für die Eisenbahnen in Elsaß=Lothringen, vom 14. Juni 1871. R.=G.=B. S. 253. Zahlung aus der Kriegsentschädigung.

14) Gesetz, betreffend die Gewährung von Beihülfen an die aus Frankreich ausgewiesenen Deutschen, vom 14. Juni 1871. R.=G.=B. S. 253. 2 Mill. Thlr. aus der Kriegsentschädigung, außer den für diesen Zweck in Frankreich besonders erhobenen Contributionen.

15) Gesetz, betreffend den Erweiterungsbau für das Dienstgebäude des Reichskanzleramts, vom 14. Juni 1871. R.=G.=B. S. 254. Eine erste Rate von 150,000 Thlr., aufzubringen durch Matricularbeiträge der Einzelstaaten nach Maßgabe der Bevölkerung.

16) Gesetz, betreffend die Gewährung von Beihülfen an Angehörige der Reserve und Landwehr, vom 22. Juni 1871. R.=G.=B. S. 271. 4 Mill. Thlr. aus der französischen Kriegsentschädigung.

17) Gesetz, betreffend die Pensionirung und Versorgung der Militairpersonen des Reichsheeres und der K. Marine, sowie die Bewilligung an die Hinterbliebenen solcher Personen, vom 27. Juni 1871. R.=G.=B. S. 275. Nach dem Etatgesetz für 1872 vom 4. December 1871 § 2 werden die betreffenden Zahlungen für 1872 an Personen aus dem letzten Kriege auf Grund dieses Pensionsgesetzes aus der französischen Entschädigung geleistet.

18) Gesetz, betreffend die Verleihung von Dotationen in Anerkennung hervorragender, im letzten Kriege erworbener Verdienste, vom 22. Juni 1871. R.=G.=B. S. 307. Dem Kaiser für diesen Zweck 4 Mill. Thlr. aus der französischen Entschädigung zur Verfügung gestellt.

19) Gesetz, betreffend die Bestellung des Bundesoberhandelsgerichts zum obersten Gerichtshofe für Elsaß=Lothringen, vom 14. Juni 1871. R.=G.=B. S. 315. Gerichtskosten, Stempel s. § 2.

20) Gesetz, betreffend die Einführung des Art. 33 der Reichsverfassung in Elsaß=Lothringen vom 17. Juli 1871. R.=G.=B. S. 325. Einbeziehung der neuen Provinzen in das Zoll= und Verbrauchssteuersystem des Reichs. Vgl. auch Kaiserl. Verordnung vom 19. August und vom 30. August 1871 über denselben Gegenstand. R.=G.=B. S. 326 und 329.

21) Gesetz über das Postwesen des Deutschen Reichs, vom 28. Oct. 1871. R.=G.=B. S. 347.

22) Gesetz über das Posttarwesen vom 28. Oct. 1871, R.=G.=B. S. 358.

23) Zusätzliche Uebereinkunft zu dem Friedensvertrage zwischen Deutschland und Frankreich, vom 12. Oct. 1871. R.=G.=B. S. 303, nebst Separatconventionen von demselben Tage, Art. 2 über die französischen Zahlungen, R.=G.=B. S. 370.

Printed by Libri Plureos GmbH
in Hamburg, Germany